국민들이 정치를 바라볼 때

국민들이 정치를 바라볼 때

초판 1쇄 인쇄일 2026년 3월   6일
초판 1쇄 발행일 2026년 3월 12일

지은이 김상우
펴낸이 양옥매
디자인 송다희 표지혜
교   정 조준경
마케팅 송용호

펴낸곳 도서출판 책과나무
출판등록 제2012-000376
주소 서울특별시 마포구 방울내로 79 이노빌딩 302호
대표전화 02.372.1537   팩스 02.372.1538
이메일 booknamu2007@naver.com
홈페이지 www.booknamu.com
ISBN 979-11-6752-778-3 (03300)

국민들이
정치를
바라볼 때

가치 중심적 사고를 통한 정치 세계관 이해

김상우 지음

1부

서론

　필자는 이제 모든 국민들이 가치 중심적 사고를 가져야 할 때임을 강조하고자 한다. 주변을 살펴보면 정치에 무관심하거나 이해가 부족한 사람들이 적지 않다. 이러한 현상은 청년, 중·장년 할 것 없이 세대를 넘나들며 발생하고 있다. 민주공화국인 대한민국에서는 결코 가볍게 넘길 문제가 아니다.

　고대 그리스 철학자 플라톤이 "정치를 외면한 가장 큰 대가는, 가장 저질스러운 인간들에게 지배당하는 것이다."라고 하였듯, 주권을 뻔히 손에 쥐고 있음에도 불구하고 정치를 외면한다는 것은 있을 수 없는 일이다. 이는 철저한 주권 의식을 가지고 살아가는 사람들에게 피해를 끼친다.

　깨어 있는 국민 스스로가 내 나라의 발전과 번영을 위해 성숙한 가치적 판단을 기반으로 당당하게 유권 행사를 하더라도, 그렇지 않은 다수가 개인들의 독립적 판단이 뒷받침되지 않은 채 막무가내식 투표를 한다면, 결국 척도 있는 국민들의 의견은 쉽사리 묻히고 만다. 척도가 낮은 정치 참여는 오히려 민주사회에 독이 될 수도 있으며, 우중정치로 쉽게 흘러갈 수 있다는 말이다.

　얕은 지식과 잘못된 정치적 개념 이해, 선전 선동 등으로 인해 개개인의 신념이 기이한 방향으로 흘러가는 현상은 더 이상 반복되어서는 안 된다. 민주주의 국가에서 가장 경계해야 할 대상은 국민이라는 점을 직시할 필요가 있다.

민주주의는
왜 성숙한 국민을 요구하는가

우리나라를 포함하여 세계 곳곳의 역사를 살펴보면, 대중들이 우매하거나 타락하고 욕심이 넘쳐서 나라가 위태로웠던 경우는 결코 드물지 않다. 대표적인 예가 독일의 나치즘이다. 이를 이해하기 위해서는 먼저 나치즘의 탄생 배경을 살펴보아야 한다.

아돌프 히틀러가 권력을 손에 거머쥐기까지의 과정은 대체로 민주적이었다. 본격적으로 정계에 진출하기 이전, 무력을 동반한 권력 찬탈 시도는 있었지만 실패로 돌아갔고, 재판부의 판결로 인해 짧은 수감 생활을 겪기도 하였다. 수감 기간 동안, 히틀러는 무력 쿠데타의 한계점을 명확하게 인지하고, 본인의 주 무기인 연설을 통해 대중의 지지를 얻어 선거를 통해 당선되는 것이 권력을 획득하는 확실한 방법이라고 판단하였다. 이후 포퓰리즘 정책과 함께 치솟은 인기를 기반으로 정직한 선거를 거쳐 정계에 진출하고 권력을 장악하게 되었다.

본격적인 나치 독재가 시작된 이후로는 무력 지배 과정이 있었지만, 권력에 오르기 전까지의 과정은 정당한 절차를 거쳤다는 사실을 분명히 알아야 한다. 결국 국민들은 척도 낮은 정치 참여와 정확한 정치 골자에 대한 이해 부족으로 인해 히틀러의 뛰어난 언변과 포퓰리즘에 넘어갔고, 그 결과 괴물 같은 사회적 비극을 초래하게 된 것이다

이 사례를 통해 알 수 있듯, 민주주의라는 정치 체제는 성숙한 개인들의 독립적 판단 아래 그 가치가 실현된다. 그렇지 않을 경우에는 정상적이고 평화적인 방법으로도 얼마든지 선동과 우중 정치가 구현될 가능성이 존재한다.

그러므로 정치적 지배 과정에서 주권을 국민에게 부여한 만큼, 국민에게는 단순한 참정권을 넘어 책임 있는 판단 능력이 요구된다. 유권자 한 명 한 명의 정치적 수준이 민주주의의 질을 좌우한다는 것이다. 국민이 직접 주권을 가지는 민주공화국의 질서 있는 번영과 발전을 위해선 모든 국민이 반드시 정치에 대한 기본적인 골자를 파악하고 있어야 하며, 어느 정도의 이해와 지식이 필요하다.

일부 정치인들은 정치에 무관심한 국민들의 허점을 누구보다도 잘 알기에, 인기를 얻기 위해 매번 이러한 허점을 이용하려 들 것이다. 이러한 상황에 휘말리지 않기 위해선 주권자인 본인 스스로가 가장 먼저 깨어 있어야 한다. 주권자 본인이 깨어 있지 못하게 된다면, 결국 무책임하고 위험한 인간들이 주도하는 정치 체제 아래에서 지배당하게 될 것이다. 소위 말하는 개돼지 같은 국민이 되지 말

자는 말이다.

　민주주의의 발전, 발전된 민주주의라는 것은 그저 투표율만 높은 상태를 의미하지 않는다. 양질의 민주주의는 투표율만 높은 양적 팽창이 아니라, 정치적 개념을 잘 이해하고 신중한 결정권을 행사하는 질적 향상을 가리킨다. 질적 수준이 어느 정도 수준에 미치지 못할 경우에는 투표율이 높아 봤자 아무런 의미가 없으며, 오히려 독이 되기도 한다.

　미국 건국과 헌법 제정 당시에도 보통선거를 바로 도입하지 않았던 이유도 이러한 인식과 맞닿아 있다. 아무것도 잃을 게 없는 국민들은 엉뚱한 유혹에 빠지거나 선동에 넘어가기 십상이라고 생각했던 것이다. 교육 체계가 확실하게 갖춰져 있지 않은 상황에서 모든 국민들이 가치 판단을 올바르게 할 수 없을 것이라는 이유 때문이다. 이는 교육을 받지 못하고 어느 정도 재산을 소유하지 못한 다수가 정치에 참여했을 때, 토지균등분배법과 같은 법이 마구잡이로 통과되어 사유재산과 사회질서가 위협받을 수 있다는 인식과도 연결된다.

　미국에서도 완전한 보통선거는 제정 당시가 아니라 훗날의 헌법 개정을 통해 이뤄졌다. 따라서 높은 투표율만으로는 발전된 민주주의를 판단하기는 어렵다. 발전된 민주주의의 진정한 의미는 양적 팽창이 아니라 질적 수준 향상이며, 신중하고 고차원적인 개개인의 결정을 필요로 한다.

이를 위해 가장 필요한 것이 바로 가치 중심적 사고이다. 이제부터 이 가치 중심적 사고에 대해 알아보도록 하자.

가치 중심적 사고

국민들의 정치적 관심 유형을 분류한다면 크게 정치 관심층, 중도층, 무관심층 정도로 나눌 수 있다. 보통 관심층의 사례를 살펴보면 매 선거철마다 꾸준히 투표를 해 오며, 어느 정도 지지하는 정당이나 정치인이 있는 경우가 많다. 하지만 정치적 이념에 따른 본인의 신념과는 관계없이, 매스컴에서 비춰지는 특정 인물의 이미지나 성품, 행실 따위를 보고 특정 정당과 정치인을 지지하거나 꺼리는 경향이 짙다.

부모님 또는 가족의 영향을 받아 그대로 본인의 정치 성향에 투영되는 경우도 있으며, 지역에서 비롯되는 정치색에 맞추는 경우도 있다. 심지어 정치와 관련된 이야기를 주도하며 스스로 이해가 뛰어나다고 주장하는 사람들 중에서도, 정치 골자에 대한 개념 없이 일방적인 정당 지지나 비난만을 반복하는 현상이 자주 보인다.

주변에서 특정 정치인을 욕하는 장면을 한 번쯤은 보았을 것이다. "OOO이가 잘한 게 뭐가 있나?"와 같은 말이 대표적이다. 그렇다면 이 대화 속에서 무엇을 해야 잘하는 정치인이며, 비난의 대상이 되는 정치인은 무엇을 잘못하였는지를 따져 보는 것이 정상적인 사고에서 비롯된 대화의 흐름일 것이다.

위와 같은 질문에 대해 못한 부분이 구체적으로 어떤 것이고 어떤 정치가 잘하는 정치이냐고 되묻는다면, 대부분 "뭐 그냥….."이라며 말끝을 흐리고 얼버무리거나, 무차별적인 욕설이나 비난만을 하며 그치는 경우가 많다. 이는 절대 바람직한 대화가 아니다.

본인에게 실질적인 금전적 보상을 주는 것이 잘하는 정치인가? 아니면 산업 활성화를 추진하여 경제 성장을 이끄는 정치인이 잘하는 것인가? 대외적 협상을 잘 이끌어 내거나 품성이 올바른 사람이 잘하는 정치인에 포함되어야 할 것인가? 혹은 환경을 생각하는 것이 잘하는 정치인가?

대부분의 사람들은 정치의 본질적 개념을 명확히 알지 못하기에, 그 기준점 또한 제시할 수 있을 리 만무하다. 공과 과를 판단하기 위해서는 정치의 본질적 개념을 반드시 이해하고, 그 이념 기조에 맞는 시행 정책을 살펴보아야 하지만, 현실에서는 평판이나 이미지, 매스컴에 비춰지는 모습만으로 판단하는 경우가 훨씬 많다.

필자는 이러한 사회적 현상을 매우 안타깝게 생각한다. 이는 필자가 설명하고자 하는 가치 중심적 사고와는 거리가 아주 멀다. 정치를 바라볼 때에는 주변 요인이나 언론, 매체를 통해 나의 신념이 정해지는 것이 아니라, 먼저 스스로가 어떤 성향을 추구하는지에 대한 정의가 필요하다. 그리고 개개인의 성향에 맞는 이념을 선택하여 자신의 가치관을 정해야 한다.

바로 이것이 가치 중심적 사고의 핵심이다. 특정 정치인과 정당에 대한 이미지를 먼저 따져 가며 나의 성향을 결정하는 것이 아니라, 본질이 앞서야 한다는 것이다. 나의 가족이 지지한다고 해서, 친구들과 주변 사람들이 지지한다고 해서, 우리 지역 대부분의 시민들이 지지한다고 해서, 혹은 언론에서 떠든다고 해서 무작정 따라갈 필요는 없다.

무엇보다 자신의 성향을 먼저 파악하고, 그 성향을 이념에 빗대어 나만의 정치적 가치관을 확립해 나가야 할 필요가 있다. 그 이후에야 비로소 그 가치 기준을 토대로 어떠한 사회적 정책들이 펼쳐지는지 비교하며, 어떠한 정치인이 나만의 가치관에 부합하는 인물인지, 어떠한 정당이 내 가치관과 가장 걸맞은지 따져 볼 수 있다.

요약하자면 '본질(이념) – 정책 – 사람(혹은 정당)'의 순서이다. 이념을 통해 정치적 이념과 나의 성향을 대조하여 나만의 가치관을 세우고, 그 이념적 가치관에 따라 어떠한 사회적 정책이 적절한지 파악한 후, 그러한 정책을 실현하려는 정치인이나 정당을 잘 선택해야 한다는 것이다.

이것이야말로 가치 중심적 사고의 핵심이며, 주권을 가진 국민이 지녀야 할 마땅한 자세이다. 본인의 사고관에 부합하지도 않는 인물을 그저 비치는 이미지와 대중적인 평판 하나로 지지한다거나,

혹은 지지하는 척을 한다고 생각해 보면 얼마나 웃긴 일인가. 이보다 더 큰 모순도 없을 것이다.

우리는 투표를 통해 "정치인"을 선출하여야 한다. 정치 투표는 단순히 인물의 위상과 성품을 따지는 인기 투표가 아니다. 말 그대로 "정치"를 하는 "사람"을 뽑는 행위이다. 그러므로 사람을 따지기 전에 정치를 먼저 알아야 하며, 그 이후에 자신이 추구하는 정치 이념의 특성에 빗대어 사람의 인품이나 위상, 청렴도, 정책적 방향 등을 고려하여 인물을 선택해야 한다.

"정치인"이라는 단어에 이미 순서에 대한 정답이 제시되어 있다. "정치"를 알고 "인"을 바라보아야 한다는, 즉 사람을 보기 전에 정치를 먼저 바라보는 자세를 가져야 한다는 의미이다. 특정 인물의 모습을 보고 나의 정치적 성향을 정해서는 안 된다. 반드시 내 성향을 토대로 인물을 판단하여야 한다.

몇몇 포퓰리스트[1] 정치인들은 본질을 놓치고 있는 국민이 많다는 것을 알고, 이러한 국민이 무엇에 현혹되는지 가장 잘 알고 있기 때문에, 선거철마다 표를 얻기 위한 단면적인 인기 정책들을 공략으로 내세우곤 한다. 따라서 이념적 구분 없이 단순히 보고 듣는 정보

---

[1] 대중의 지지와 인기에만 집착하며, 대중의 불만과 감정을 활용해 지지를 얻는 정치인 또는 정치 노선. 대중의 인기를 얻기 위한 즉각적 만족을 우선시하는 경향이 강함.

만 가지고 투표에 임하게 된다면 포퓰리즘 정치에 눈이 멀어 자신의 본질적 가치를 잃어버릴 수도 있다.

국민 한 명 한 명이 주권을 가지고 있음에도 개개인의 가치 기준이 희미해진다면 사회 전체에 부정적인 영향을 미치는 안타까운 현상을 초래할 것이다. 따라서 가치 중심적 사고를 위한 자신만의 가치관을 정립하기 위해서는 정치 사상의 아주 기본적인 대립 골자인 "좌파"와 "우파"에 대한 개념, 그리고 "진보주의"와 "보수주의" 철학에 대한 이해가 필요하다.

이러한 이념적 대립 구조와 각 이념이 상징하는 철학을 꿰뚫어 본다면, 자신의 정치적 성향을 파악하는 데 훨씬 수월해질 것이다. 깊게 파헤칠 필요도 없다. 흥미가 생겨서 더욱 깊은 탐구를 이어 가는 것도 무방하지만, 정치 전문가가 아닌 일반 시민의 기준에서는 이 정도의 개념만 이해하고 있어도 유권자로서 지녀야 할 아주 충분하고도 적절한 소양이 될 것이다.

이제는 뉴스 몇 편을 보고 정치계 주요 인사들과 정당 이름 조금 안다고 해서 정치에 대해 잘 알고 있다는 착각에서 벗어나야 한다. 앞서 언급하였듯, 본질을 놓치고 있거나 가치 중심적이지 않은 사고를 가지고 있다면 이를 깨어 있는 국민의 태도라고 말할 수 없다.

먼저 이념에 대한 본격적인 설명에 앞서, 현재 대중들이 정치 기본 개념을 어떻게 인식하고 있는지에 대해 살펴볼 필요가 있다.

필자는 평소에 정치 이야기를 먼저 꺼내는 편은 아니지만, 주변에서 관련 얘기가 나오거나 주도하는 상황이라면 마다하지는 않는다. 그러나 그 과정에서 건설적인 방향으로 대화가 이어지고 있다고 느꼈던 경우는 극히 드물었다. 말 자체가 통하지 않았던 경우도 허다하다.

이는 서로 지지하는 이념이 달라서 발생한 갈등이라기보다는, 좌우를 막론하고 이념에 대한 본질조차 이해하지 못하고 있는 상대와 대화를 이어 가고 있었기 때문이었다. 심지어 정치에 대해 이해가 깊다고 스스로 주장하는 상대와의 대화에서도 마찬가지였다.

이러한 상황은, 방송에서 유명한 스타 선수 몇 명을 보고 준수한 외모와 인기에 끌려 룰도 모르는 채 야구라는 스포츠에 입문하게 된 사람과 그날 있었던 경기 결과를 분석하기 위해 경기에 등판했던 투수 개개인의 구종 가치, 최근 야수들의 부상 상태, 감독의 성향, 타자 개개인의 핫 존, 콜드 존에 대한 지표 등의 본질을 논의하는 것과 같다.

물론, 스포츠라는 가벼운 주제의 경우에는 경기 스코어나 그날 있었던 홈런 타자와 같은 표면적인 결과만으로도 적당히 즐거운 대화를 이어 나가는 데 지장이 없다. 하지만 정치는 다르다. 이론적인 개념 이해가 필요하며, 사회적으로 갈등을 유발할 수 있는 예민하고도 심오한 주제이다. 그런 만큼 서로가 그 개념의 본질에 대해 이해하지 못한 채로 대화를 진행한다면, 논의의 초점이 흐려지고 핀트를 벗어날 확률이 높다.

이런 현상은 대부분의 사람들이 정치적 대화를 주고받을 때 흔히 나타나는 보편적인 현상이라고 생각한다. 필자는 이러한 사회적 현상을 본 저서를 통하여 개선하고자 하는 목적이 크다.

이러한 보편적 현상에 대한 대표적인 예를 들어 보자. 스스로 좌파 또는 우파를 지지한다고 당당하게 외치는 사람들에게 "당신은 왜 좌파(우파)를 지지하십니까?"라는 질문을 하였을 때, "왜"라는 질문에 대한 본질적인 답변을 제시하는 사람이 얼마나 될까? 안타깝게도 필자의 주위에는 단 한 명도 없었다.

대부분의 사람들은 "특정 정당이 하는 꼴이 보기 싫어서" 또는 "뉴스나 언론에서 비치는 A라는 정치인의 모습이 훌륭해 보여서" 등의 아주 단순한 발상에서 비롯된 답변을 내놓았다. 정치라는 심오한 주제를 다루고 있음에도 불구하고, 각 이념이 상징하는 "평등"과 "자유"라는 본질적인 키워드를 내세우며 답변하는 사람은 한 번도 보지 못했다.

정말로 가치 중심적인 사고를 가진 사람이 내놓을 수 있는 모범적인 답변의 예시를 살펴보자. "나는 만인의 평등보단 개인의 자유를 중요시하기 때문에, 자유를 상징하는 우파 이념을 지지한다. 모 정치인은 이러한 이념에 걸맞은 정책을 잘 내세우고 있는 것 같아서 그 인물 또한 지지하고 있다." 또는 "나는 개인의 자유보단 공공의 복지와 만인의 평등을 우선으로 여기기 때문에 좌파적 성향을 지향한다. 모 정치인은 이러한 이념 실현에 탁월하기 때문에 그 사람 또한 지지하게 되었다.”와 같은 답변이다.

이러한 답변에는 “나”라는 개인에 대한 성찰이 선행되고, 자신의 정치적 성향과 이념을 대조하여 가치관을 형성했다는 흔적이 분명히 드러난다. 이처럼 가치관이 정립된 상태라면, 정치적 대화를 주고받는 순간에도 개개인의 가치관 영역이라 인식하고 갈등이 아닌 상호 존중의 단계로 이어질 수 있게 된다.

다양성은 마땅히 존중받아야 한다. 정치에서도 그 원칙은 다르지 않다. 생각이 다른 사람의 말에 귀를 기울여야 타협의 길이 열리고 사회의 발전도 가능하다.

그러나 지향점이 불분명한 견해와 주장까지 무조건적으로 존중한다는 것은 일종의 모순이다. 논리적 근거와 배경이 뒷받침되지 않은 채 내뱉은 주장과 의견 표출은 대화와 타협의 길을 저해한다. 확실한 원인, 분명한 지향점에서 기반한 의견과 주장은 그만한 신념과 고뇌, 고찰 등을 포함하고 있어 존중할 수 있지만, 지향점이 없는 저차원적 의견 표현은 존중보다는 불만과 갈등을 낳게 된다.

우리는 모두 상대방으로부터 존중받기를 바란다. 그러기 위해선 스스로의 지향점을 명확하게 인지하고, 그에 대한 근거를 갖추어 표현할 수 있어야 한다. 이처럼 모든 사회 구성원이 가치 중심적 사고를 가지고 살아가게 된다면, 갈등이 생기더라도 서로의 본질적 가치관에 대한 이해와 존중의 분위기가 조성될 것이고, 궁극적으로는 사회적 갈등이 완화되어 공공의 발전, 민주공화국의 발전으로 이어질 수 있는 좋은 메커니즘이 형성될 것이다.

지금까지 대부분의 사회적, 개인의 정치적 갈등은 표면적인 문제에서 비롯되었다고 생각한다. 그러나 정치라는 주제가 심오한 만큼 표면보단 본질을 따져야 하며, 시사적인 접근이 필요하다. 따라서 이제 모든 국민들이 가치 중심적 사고를 통해 본질적인 근거와 함께 자신만의 신념을 갖추길 바라는 마음이다.

특정 인물의 이미지만으로 자신의 정치적 성향을 정해선 안 되며, 자신의 성향을 토대로 인물을 판단하여야 한다. 각각의 이념이 상징하는 철학을 이해하고 나면 얘기가 달라질 것이다. 당신은 아마도 이제껏 본인이 주장하던 좌파나 우파가 아닐 수도 있다.

좌파와 우파

우리는 가치 중심적 사고를 위해 좌파와 우파의 개념을 명확히 이해할 필요가 있다.

애덤 스미스의 '보이지 않는 손' 이론에 의거하여 시장경제라는 시스템이 세상에 도래하게 되었고, 18세기와 19세기에 발생한 산업혁명의 영향으로 인해 자본주의 경제 체제가 본격적으로 확립되었다. 서구권 대부분의 국가들은 이 시장경제 기반 자본주의 경제 체제를 적극적으로 채택하였고, 자연스레 세계 경제 질서의 대들보가 되었다.

그리하여, 근대 사회에서 좌파와 우파를 가르는 가장 큰 구분자는 시장경제를 바라보는 시각이라고 말할 수 있다. 우파적 관점에서는 이 세상에 자리 잡고 있는 시장경제 체제야말로 마땅히 지키고 보존해야 할 가치라고 여기며, 좌파적 관점에서는 시장경제에 대한 과도한 의존보다는 분배와 복지를 강화하여 경제적 평등을 실현할 수 있는 대안을 모색한다.

물론 시장을 바라보는 시각뿐만 아니라, 각 진영이 상징하는 이념에 기반하여 사회 전반에서 나타나는 여러 대립점이 존재한다. 그러한 수많은 대립점 가운데 변하지 않는 핵심적 요소는 시장을 바라보는 시각의 차이라고 할 수 있다.

과거에는 좌파와 우파를 가르는 기준이 프랑스 혁명에 대한 입장이었다. 왜냐하면, 근대 정치에서 자리 잡고 있는 좌파 · 우파라는 개념 자체가 18세기 프랑스 혁명으로부터 탄생하였기 때문이다. 고대 철학 또는 정치사상 중에서도 좌파(평등과 개혁)와 우파(자유와 전통)의 성격과 유사한 이념들이 존재했지만, 현대적 의미의 좌파와 우파는 18세기 프랑스 혁명 이후 명확한 체계를 갖추게 되었다.

프랑스 시민혁명 이후 최초의 입헌군주제 정권 아래 있었던 입법 의회에서, 입헌군주 체제 유지를 주장한 푀양파 세력은 주로 의사당 오른쪽에 자리를 잡고 있었으며(기존의 전통과 체제 유지를 주장, 우파), 급진적인 개혁과 왕권 국가의 폐지를 주장하는 자코뱅파 세력은 의사당 왼쪽에 자리를 잡고 있었다(체제 개혁을 주장, 좌파). 이와 같은 장면에서 유래되어, 근대 정치에서도 좌파와 우파라는 진영 구분이 정착되었다.

진보주의와 보수주의의 유래에 대해서도 살펴보자. 이 또한 프랑스 혁명과 밀접한 관련이 있다.

영국의 사상가 에드먼드 버크는 《프랑스 혁명에 관한 성찰》에서 급진적인 혁명의 위험성을 경고하며, 사회 질서를 존중하는 가치 수호에 대해 집대성하였다. 그는 급진적인 혁명으로 인해 종교 정신이 와해되고, 이는 가정과 사회의 평화를 무너뜨리며, 권력 부재 현상으로 인해 오히려 적국의 위협을 불러올 수 있다고 보았다. 이러한 인식은 기존에 유지되고 있는 최소한의 가치들을 존중해야 한다는 관점으로 이어졌다.

이를 바탕으로 최초의 보수주의 세계관이 태동하였다. 프랑스 혁명으로 인하여 발생한 위협적 요소는 사회적 혼란, 왕권을 비롯한 국가 전반적인 체제 붕괴, 사회 질서 교란이었다. 그러한 당시 사회상을 고려해 급진적 변화를 막기 위한 보존 대상의 최우선 가치는 사회 질서, 공공의 안녕, 종교 정신, 국가 체제의 보존 등이었고 이를 수호하고자 하는 이념 단위가 바로 보수주의 사상이었다.

이와 같은 세계관은 세기를 거치며 미국, 아시아, 유럽으로 확장되어 지금의 보수주의로 자리 잡게 되었고, 현대에 이르러서는 세계 경제 질서의 핵심인 자유시장경제 체제를 보수의 최우선 가치로 삼고, 이를 굳건히 수호하는 방향으로 보수주의의 이념이 작용하고 있다.

그렇다면 진보주의라는 어원에 대해서도 살펴보자. 사실 '진보'라는 이념 체계와 용어는 한국에서만 사용된다. 정치사상사를 살펴보면, 미국에서는 좌익 진영을 '리버럴(Liberal)'이라고 부르며, 유럽에서는 보통 '사회주의(Socialism)'라는 표현을 많이 쓴다. 좌익 진영의

정당 명칭으로는 사회당, 노동당 등의 상징적 용어를 주로 사용한
다. 세계 그 어느 국가에서도 좌익 진영을 '진보주의(Progressivism)'
라는 용어로 부르지 않는다. 즉, 진보주의라는 것은 하나의 이념
단위로 존재하지 않는 것이다.

그렇다면 왜 대한민국에서는 '진보'라는 용어가 정치적 이념 단위
로 자리 잡게 되었는지 살펴보자. 대한민국은 해방 직후 공산주의
진영의 좌익과 자본주의 친미 세력의 우익으로 정치 대립이 본격적
으로 시작되었다. 이어서 6 · 25전쟁을 거치며 굳건한 반공 체계가
확산되고, 대한민국의 헌법 질서는 자유민주적 가치를 최우선으로
여기게 되었다.

이에 따라 당시에는 '좌익'이라는 용어 자체가 반국가, 용공(容共)
으로 인식되었다. 그 결과 개혁과 혁명을 지향하던 좌익 세력은 비
교적 온순한 느낌의 '진보'라는 표현으로 불리게 되었고, 점차 보수
주의 이념의 대립점으로서 자연스레 자리 잡게 되었다.

그래서 종합적으로 이념 세계관의 체계성을 살펴보았을 때, 지난
200년 동안 서구 사회에서 발전된 각 진영을 대변하는 이념 체계,
즉 우파를 대변하는 것은 어떤 이념인지, 좌파를 대변하는 것은 어
떤 이념인지를 따져 보았을 때, 'OO주의(~ism)'라고 부를 수 있는
이념 체계의 단위는 'Conservatism(보수주의)'과 'Socialism(사회주의)'
이다.

서구 사회에서는 '진보'라는 표현을 형용사적 표현으로 폭넓게 사

용해 왔다. 어떠한 사회 정책, 경제적 표현, 복지적인 입장에 대해서 '진보적'이라는 표현을 많이 사용하였고, 이러한 용어는 하나의 표현 방식으로 존재해 왔다. 국내에서는 이러한 표현을 적극 채택하여 좌익 세력을 '진보 세력'이라 부르게 되었고, 하나의 이념으로서도 통용되고 있다.

따라서 엄밀한 체계성의 관점에서 볼 때 '진보주의'라는 완성된 이념적 표현은 존재하지 않는다고 볼 수 있다. 다시 말해, 좌파와 우파를 대변하는 이념 체계는 사회주의와 보수주의임을 반드시 인지해야 한다. 그럼에도 필자는 이미 현대 대한민국 사회에서 '진보'라는 용어가 하나의 이념으로 고착화되어 있기 때문에, 본 저서에서도 설명의 편의를 위해 해당 표현을 적극적으로 활용하고자 한다.

앞서 살펴보았듯, 프랑스 혁명 당시 푀양파 세력(우파)은 혁명에 대해 비판적인 입장을 견지하였고, 자코뱅파 세력(좌파)은 혁명과 개혁을 주도하였다. 이러한 역사적 맥락에 따라 현대 사회에서 우파 진영은 보수주의, 좌파 진영은 사회(진보)주의를 중심으로 이념을 실현하고자 한다. 따라서 국내 정치에서는 두 개념을 통합하여 "보수우파", "진보좌파"와 같은 표현이 함께 사용된다.

필자는 진영론적 관점에서는 '좌파와 우파', 본질론적 관점에서는 '진보와 보수'라는 구분이 가장 적절하다고 판단한다. 이제 이러한 진영론과 본질론에 기반한 각 이념의 특성을 본격적으로 살펴보

자. 각각의 이념에 대한 전체적이고 방대한 서술은 직관적인 이해를 돕기 어려울 것이므로, 현대 사회에서 크게 대두되고 있는 몇 가지 주제를 제시하고, 정치 이념에 따른 견해와 정책적 사례 분석을 통해 보다 직관적으로 개념 이해를 돕고자 한다.

2부

보수주의(Conservatism)

우파가 상징하는 대표적인 키워드는 "자유"이다. 우파는 개인의 자유를 가장 중요하게 여기며, 사회 구성원 한 명 한 명의 성장에 초점을 둔다. 개인의 성장이 곧 사회의 성장을 이룬다고 본다. 개인의 자유를 위해서 정부의 규제와 간섭을 최소화하여야 한다고 주장하며, 시장경제에 정부가 개입하는 것을 전반적으로 거부한다.

자유에는 그에 준하는 책임이 따르기 때문에 사회적 차등 현상을 인정하며, 노력하는 만큼 결과를 얻는 사회 시스템을 지향한다. 철저한 법치 체제 내에서 개인이 원하는 자유를 마음껏 누리며 정부 또는 타인의 간섭을 받지 않는 대신에, 그 책임 또한 개인의 몫임을 주장한다.

이처럼 우파적 성향의 핵심은 개인의 "자유"와 "책임"을 가장 중요시하며, "정부와 타인의 간섭"을 지양하는 데 있다. 결국 우파란 보수주의 이념을 가지고 있는 사람들의 집단(진영)을 일컫는 말이기에, 우파 정신의 본질을 알고자 한다면 보수주의 이념에 대한 이해가 선행되어야 한다.

우리나라에서는 "보수"라는 단어에 대해 부정적인 인식이 강하다. 보통 보수적인 발상을 하는 사람들은 그 틀에서 벗어나지 못하고 이해심이 깊지 못하며 사고의 폭이 좁을 것이라는 사회적 인식이 존재하기 때문이다. 하지만 정치학에서 말하는 "보수"란, 개인의 아집 따위를 일컫는 보수적인 사고와는 분명 차이가 있다.

"보수주의"를 뜻하는 영어 단어"Conservatism"은 라틴어 "Conservare"에서 유래되었으며, "유지하다" 또는 "보존하다"라는 뜻을 지닌다. 따라서 정치학에서 일컫는 보수주의란, 가치가 있다고 판단되는 기존의 체제와 사회적 시스템 등을 보존하려는 이념을 뜻한다. 즉, "인류사적으로 보편적 타당성이 입증된 사회적 원칙과 가치들을 지키고 수호하려는 사상"이라고 정의 내릴 수 있다.

보수주의의 본질은 이미 자리 잡고 있는 가치 기반 시스템의 이유와 그 안에 담긴 지혜를 존중하며, 예측하기 어려운 미래의 혼돈을 피할 수 있도록 점진적인 변화를 추구하는 데 있다. 변화 자체를 거부한다는 말이 아니다. 가치가 없다고 판단되는 것들에 대해서는 개혁을 고려하되, 그 과정에서 발생할 수 있는 사회적 부작용을 감안하여 보다 점진적으로 다가간다는 것이다.

즉, 인간의 삶을 "가치" 있게 만드는 문명의 요소, 사회 시스템 등을 인류가 마땅히 보존해야 하며, 추상적이고 급진적인 개혁은 경계해야 한다는 주장이다. 한마디로, 기존의 질서와 전통적 가치를 중요시 여긴다. 그 중에서도 가장 크게 자리잡고 있는 가치는 "자유 시장경제 체제"이다.

보수주의는 개인의 자유가 보장되는 자유시장경제 체제 속에서 인류가 터전을 만들고 삶을 영위하며 사회를 형성해 나가는 것을 추구한다. 분배와 평등을 강조하기 위한 정부의 과도한 사회 규제와 간섭에 반대하는 입장을 가지는 이유 역시 자유시장경제 체제를 존중하기 때문이다.

환경과 산업에 대한
보수주의적 관점

시장경제의 발전을 위해서는 산업 활성화가 필연적이며, 이에 따라 기후 변화와 환경 문제는 경제적 충격을 최소화하는 범위 내에서 해결해야 한다는 관점을 취한다. 과도하게 까다로운 환경 정책으로 인해 산업 성장이 저해될 경우, 경제적 충격이 불가피하다고 보기 때문이다. 보수주의는 산업 발전을 통해 경제 성장을 이루고, 이를 통해 국익을 증진하는 것을 최우선 목표로 삼는다.

경제 성장은 국가의 안보와 외교적 영향력을 강화하는 데 중요한 역할을 하기 때문에, 이를 위한 전략적 투자와 교류를 중시한다. 특히, 활성화된 산업 체계가 국가 간 경제적 협력을 촉진하고, 글로벌 시장에서 경쟁력을 유지하는 데 필수적이라고 본다. 이와 관련하여 국내에서 시행된 대표적인 정책들을 살펴보자.

보수 정권에서는 에너지 영역에서 보다 친환경적인 풍력발전, 수력발전과 태양광 산업 대신에 원자력 산업에 집중한다. 이승만(대한민국 제1·2·3대 대통령) 대통령은 한국전쟁 이후 폐허가 된 상황 속에서도 경제 성장을 위한 필수적인 에너지원으로 원자력 발전에 과감히 투자하였다. 산업화가 본격적으로 이루어지기 이전임에도 불구하고 원자력 발전소를 설립하고, 대학에 원자력 공학과를 신설하는 등의 행보를 보였다. 이는 단순히 에너지 문제를 해결하는 차원을 넘어, 경제와 안보 차원에서 국가 자립을 도모한 전략적 선택이었다.

그에 이어 박정희(대한민국 제5·6·7·8·9대 대통령) 정권에서 한국원자력연구원을 본격적으로 설립하여 원전 연구 및 인프라 확충에 힘썼다. 이명박(대한민국 제17대 대통령) 정부 역시 원전 확대를 적극 옹호하며 한국형 표준원전(OPR1000)과 이후 ARP1400 같은 차세대 설계 개발을 가속화하였다. 이로써 대한민국은 단순 수입국에서 자체 설계, 제작 능력 보유국으로 도약하였다.

윤석열(대한민국 제20대 대통령) 정부 역시 원자력 산업의 부흥을 통해 에너지 자립을 강화하고, 국제적인 협력 체계를 구축하는데 주력하였다. 19대 정권 때 중단되었던 원전 사업과 생태계를 과감하게 복구하여 미국과 원전 산업 MOU 체결을 추진한 사례는 안보의 구실을 다진 전략적 판단을 보여 준다.

원전 사업뿐만 아니라 산업 발전을 위한 국내 보수정권의 또 다른 사례로는, 개발제한구역 그린벨트 지역의 일부를 국가 또는 지역 전략 사업지로 선정하는 정책을 들 수 있다. 이러한 정책을 통해 벤처기업 및 산업단지 육성, 주택 공급 활성화, 민간사업 적극 시행 등의 효과를 기대하였다.

해외에서도 산업 촉진과 관련된 유사한 사례를 찾아볼 수 있다. 로널드 레이건(미국 제40대 대통령) 대통령 재임 시절에는 정부의 과도한 규제가 경제 성장과 시장 경쟁을 저해한다고 판단하여, 환경 보호에 대한 규제를 완화하고 기업의 부담을 경감하는 정책을 추진하였다.

또한 에너지와 항공 산업의 환경 규제를 축소하여 시장 경쟁을 촉진하기도 하였다. 이는 기업들이 보다 자유롭게 시장에 참여하고, 경쟁력을 높일 수 있도록 하기 위한 정책이었으며, 미국 경제의 활성화와 글로벌 경쟁력 강화를 도모한 것이다.

이처럼 보수주의 이념은 시장경제의 활성화를 중시하는 만큼, 친환경적 산업 활성화보다는 타 국가 간의 활발한 교류, 경제 성장 등에 도움이 되는 산업 구조에 초점을 맞추는 경향을 보인다. 그렇다고 해서 환경 문제 자체를 무시하는 것은 아니다. 특정 사업을 시행하기 이전에 환경 보존에 필요한 최소한의 정책적 기준은 준수해야 한다는 입장이다.

따라서 보수주의는 경제 성장을 최우선 가치로 두되, 환경 규제가 산업 성장에 큰 부담을 주지 않도록 균형 있게 접근해야 한다는 입장이다. 산업의 활성화가 국가 경제와 안보에 중요한 역할을 한다는 점에서, 산업 성장을 저해하지 않는 선에서는 충분히 환경 문제 또한 고려할 수 있다는 것이다.

보수주의적 젠더 가치관

인류는 역사적으로 남성과 여성이라는 두 가지 성별을 중심으로 사회를 형성해 왔다. 보수주의 철학에서는 이러한 생물학적인 성별 구분을 사회 질서의 기본 전제로 삼는다. 하지만 시대가 변하고 문명이 발전함에 따라 다양한 성별을 주장하는 성 소수자들이 많이 나타나고 있다. LGBTQ[1]를 비롯한 바이젠더[2], 데미젠더[3], 안드로진[4] 등 여러 부류의 성별 개념들이 등장했다.

보수주의는 이러한 소수 성별, 다양한 성별에 대해 인정하지 않는 셈이다. 인류 역사상 성별은 남과 여로만 분

---

1   두 가지 성 정체성을 가지고 있으며, 이를 상황에 따라 번갈아 느끼거나 동시에 느끼는 사람. 남성과 여성, 또는 그 외의 성 정체성이 될 수도 있음.

2   특정 성별에 대해 부분적인 동일감을 느끼는 성 정체성. 예를 들어, 남성 또는 여성과 어느 정도 동일시하지만, 완전히 일치하진 않는 경우.

3   남성과 여성의 특성을 모두 갖춘 정체성 또는 외적 표현. 성별 표현이 중성적이거나 양성을 혼합한 형태를 지님.

4   성별, 장애, 인종, 나이, 성적 지향, 종교, 출신 국가 등 다양한 사유에 기반하여 모든 차별을 금지하는 법안. 스스로가 선언함에 따라 성별을 선택할 수 있음.

류되어 왔기 때문에, 생물학적 관점에서 바라보는 이분화된 성 정체성 구분 시스템을 존중하고 지키려는 이유이다.

또한 보수주의는 동성애를 강하게 비판한다. 가족 중심의 사회 문화를 강조하는 보수주의적 관점에서는, 전통적인 가족 구조와 출산을 기반으로 한 사회 유지가 중요하다고 보기 때문이다. 동성 관계에서 발생하는 질병 확산, 출산율 저하, 전통적 가정 문화 저해 등의 부작용을 우려한 것이다.

생물학적으로 이성 관계가 아닌 동성 관계 내에서는 외부의 영향 없이 실질적 혈육 출산이 불가능하며, 이는 건강한 가정 문화를 저해하고, 더 나아가 대와 종을 유지하지 못하게 되는 사회 현상을 초래하기에, 동성애를 포함하여 생물학적 이치에 맞지 않는 다양한 성문화를 지양한다. 이러한 관점은 대한민국 보수 정권 혹은 정당의 정책 기조에서도 확인할 수 있다.

보수 진영에서는 성 소수자와 관련된 정책 범위를 최대한으로 축소하는 대신, 출산과 가족 중심 정책에 집중하는 경향을 보인다. LGBTQ[5] 권리 보장을 위한 정책과 법안들은 거의 추진하지 않으며, 전통적인 가족 개념을 중시하는 경향이 강하기 때문에 성 소수자

5　성적 지향 또는 성 정체성이 다양한 사람들을 포괄하는 약어. 각각 Lesbian(레즈비언), Gay(게이), Bisexual(양성애자), Transgender(트랜스젠더), Queer(성 정체성이나 성적 지향을 탐색 중이거나 전통적 성별 개념을 거부하는 사람)을 뜻함.

권리 확대에는 소극적인 태도를 유지해 왔다.

따라서 보수 진영에서 성별 다양성 보장과 관련된 법안 혹은 정책을 내세우는 사례는 극히 드물다. 제20대 정부 시절, 국내 야당 연합(더불어민주당 외)이 주도하여 내세운 포괄적 차별금지법안에 대해 여당(국민의힘) 및 정부가 강하게 반대 입장을 표명한 사례가 있다.

해외에서도 이러한 기조는 동일하게 나타난다. 도널드 트럼프(미국 제 제45 · 47대) 대통령은 47대 대통령 취임식 자리에서 앞으로 세상에 존재하는 성별은 "male(남성)" 그리고 "female(여성)" 두 가지로만 정의하겠다는 입장을 공식적으로 밝힌 바 있다.

임기 초반부터 트랜스젠더의 군 복무 및 스포츠 경기 참여 금지와 LGBTQ 직원 보호 조항을 약화하는 부분에 대한 행정 조치를 취하기도 하였다. 그뿐만 아니라 미국 공화당의 젠더 정책들을 살펴보면, 성전환 수술에 대한 규제를 강화하고, 동성 결혼 및 성 소수자 권리 확대에 반대하는 움직임을 볼 수 있다.

이처럼, 보수주의 철학에서 성별에 대한 인식은 남성과 여성이라는 생물학적 성을 사회 제도의 기본으로 삼으며, 혈연을 중심으로 한 가족 중심적 특색이 강하다고 정리할 수 있다.

보수주의적 민족 정체성

한 나라의 민족 고유 정체성을 분류할 때 따르는 요소에는 언어, 문화, 혈통 등이 있다. 대한민국 사람을 일컫는다고 하면, 보통 한국어를 사용하고, 고조선-삼국-후삼국-고려-조선의 시대적 배경을 거친 민족의 혈통을 가지고 있으며 한국의 문화적 정서를 공유하는 사람들을 떠올린다. 즉, 대한민국이라는 영토 내에 거주하는 모든 사람을 한국인으로 간주하는 것은 아니며, 위와 같은 민족적 특징을 가진 사람들만을 한국인으로 인식할 수 있다.

반면 특정 민족성과 관계없이 군사적, 종교적, 경제적 목적 달성 등을 위해 영토 확장 및 외국인 대거 이주 현상이 발생하면서, 영토 내에 살아가는 모든 민족에 대해 일관적인 국민성을 보장해야 한다는 포용적 개념 또한 존재한다. 쉽게 말해서 전통적인 민족성을 중시하는 입장은 국민 정체성과 문화적 연대를 강조하는 개념이며, 포용성을 중시하는 입장은 특정 물리적 공간 내 민족의 주권을 중시하는 개념이다.

보수주의 이념에서는 전자 개념인 전통적 민족의 특성을 중시한다. 따라서 국내 외국인 수용, 이민, 귀화 정책과 관련하여 비교적 엄격한 입장을 취한다. 우리나라에 살고 있는 모든 외국인에게 전통성을 가진 국민들과 같은 참정권과 주권을 부여할 수 없다는 주장이다.

이는 외국인의 무분별한 국내 이주로 인해 대한민국이라는 나라의 전통적인 질서와 민족성이 훼손될 수 있다는 우려에서 비롯된다. 그뿐만 아니라, 다양한 민족들이 살아가며 생길 수 있는 민족적 혼란, 외국인 범죄, 문화적 차이에서 비롯되는 사회적 갈등과 같은 부작용을 방지하고자 외국인 정책과 관련해서 강경한 태도를 보인다.

그리하여 대한민국 보수 정권에서는 포용국가를 지향하며 외국인들을 적극 수용하는 정책을 펼치는 것이 아닌, 국내 산업 발전을 위한 노동력 강화, 외국 기업 창업 및 투자 유치, 전문 인력 유입 등의 필요성에 의해 최소한의 범위 내의 외국인 수용만을 허용하는 편이다.

대표적인 국내 사례로, 외국인 유입과 관련된 지표에서 이명박(대한민국 제17대 대통령) 정부 시절에 최저치를 기록한 바 있다. 또한 윤석열(대한민국 제20대 대통령) 정부 시절 국민의힘 여당에서는 외국인들이 투표 자격을 얻기 위한 국내 최소 거주 기간을 3년에서 10년으로 연장하고, 외국인 참정권 부여 자격 조건을 강화하는 공직선거법 개정안을 내놓기도 하였다.

우파 진영의 엄격한 외국인 수용 정책 현상은 해외에서 더욱 두드러진다.

브렉시트에 앞장섰던 영국 혁신당 대표(Reform UK) 나이젤 파라지는 강경한 외국인 이민 규제 정책을 지속적으로 내세워 왔다. 영국 해협을 통해 들어오는 불법 이민자 문제를 비판하며, 해외 이주민을 선별할 때 기술에 대한 숙련도, 소득 수준, 언어 능력, 경제적 자립 여부 등을 세심히 따져 가며 받아들여야 한다는 입장이다. 이는 난민을 포함한 망명 신청자들이 영국에 들어오면서 사회적인 부담을 준다는 인식에서 비롯된 주장이다.

파라지가 주도했던 브렉시트 역시 EU 출신 노동자와 이민자가 영국 내 일자리와 복지 혜택을 가져간다는 이유로 EU 탈퇴를 지지한 결과였다. 그뿐만 아니라, 영국 내 다른 보수 정권인 데이비드 캐머런(영국 제75대 총리), 보리스 존슨(영국 제77대 총리), 리시 수낙(영국 제79대 총리) 정부에서도 불법 이민 단속 강화, 난민 제한, 불법 이민자 강제 추방과 같은 반이민 정책을 지속적으로 추진해 왔다.

도널드 트럼프 미국 대통령 또한 반이민 기조로 유명하다. 미국 내 외국인들의 영주권 및 비자 발급의 제한을 강화하였으며, 멕시코를 비롯한 중남미 불법 이민자들의 미국 체류에 대해 강하게 비판하였다. 이를 방지하기 위해 국경 장벽을 짓는 등 여러 정책을 추진했는데, 이는 불법으로 밀매되는 마약 범죄와 불법 이민자들의 범죄 행위로 인해 국내 질서가 붕괴될 수 있다는 우려에서 비롯된 것이다.

이처럼 보수주의자 및 보수주의 철학은 자국민들의 민족성과 질서 있는 국가의 안정을 중요시 여기고, 사회적 혼란을 야기할 수 있는 무분별한 외국인 수용 정책을 펼치지 않는다.

보수주의적 시장관, 감세 주도 정책

납세의 의무를 가진 국민이라면 누구나 세금을 내야 한다. 주권자가 정치에 대해 알아야 하는 것과 같이, 납세자라면 왜 세금을 내야 하는지에 대해 이해할 필요가 있다.

세금의 목적은 국가를 운영하고 사회 복지를 실현하기 위한 정부 활동 자금을 마련하는 데 있다. 국가의 번영과 이익을 위해서 주권자인 국민들이 정부 재정의 일부를 부담하는 것이다. 즉, 어떠한 나라에서 살아가는 동안 누리고 있는 그 나라의 사회 시스템과 인프라 사용에 대한 비용을 지불하는 개념이다.

정부는 이러한 세금을 치안 유지, 국방력 강화, 산업 및 경제 발전, 복지 실현, 공공 인프라 활성화, 환경 보존, 외교 활동 등의 발전을 위한 기금으로 사용한다. 여기서 보수주의 이념이 바라보는 정부의 역할은 개인이 할 수 없는 분야에 대해서 정부가 대신하여 기반을 마련해야 한다는 것이다.

예를 들어 국방력 유지, 치안 유지, 공공 인프라 설립, 공적 외교 활동과 같은 분야는 민간의 자율성을 통해 실현되기 어렵기 때문에 정부가 책임져야 한다는 입장이다. 반면, 개인이 실현할 수 있는 영역 내에서는 최대한의 자율성을 존중하여 개인의 성장을 이끌어 내야 한다고 본다.

이러한 관점에서 보수주의는 시장 및 개인의 자율성을 보장하기 위해서는 감세 정책이 필요하다고 주장한다. 이를 통해 기업의 부담을 줄일 수 있고, 개인의 경제적 자유를 보장할 수 있다는 것이다. 산업과 경제의 성장은 철저한 자유 시장경제 시스템에 의해서 이뤄지며, 세금 규제를 완화함으로써 기업과 개인이 자율적으로 성장하고 상거래가 활성화될 수 있다고 본다. 이는 곧 국가 전체의 경제 활력을 높이는 방향으로 작용한다는 입장이다.

따라서 평등을 강조하는 분배 현상은 이러한 사회적 활력을 저해한다고 여기기에, 평등 실현을 위한 분배의 수단이 세금으로 마련된다는 점을 고려하여 증세 정책에 대해 반대한다.

또한 보수주의는 과한 사회 보장제도를 거부한다. 이는 자유와 책임에 기반한 사회 시스템이 아니기 때문이다. 무분별한 사회보장 정책은 개개인의 정부 의존도를 높이게 되며, 자립적이고 자발적인 경제 활동을 위축시킬 수 있다고 본다.

이러한 흐름이 지속될 경우, 개개인이 시장경제에 미치는 영향이 줄어들면서 전반적인 경제 활력이 현저히 저하될 수 있다고 우려한다. 또한 국민이 납부한 세금이 개인이 원하지 않는 사회복지 정책에 쓰일 수 있다는 점 역시 부작용으로 지적된다.

예를 들어, 댐 건설 사업의 명목으로 과세 정책을 펼쳤을 때 일부 납세자들은 댐 건설을 원치 않을 수도 있다. 따라서 국민 개개인이 원하는 사업에 직접 투자할 수 있는 정책을 마련하여 자율성을 보장하자는 것이다. 도로 건설 사업에 관심이 있는 사람들은 해당 사업에 직접 투자할 수 있게 하는 등, 여러 분야의 사업에 대해 개인이 자유롭게 투자할 수 있는 기회를 제공하자는 것이다.

다만, 저소득 국가나 경제적으로 발전이 더딘 국가에서는 저조한 인프라와 낮은 교육 수준 등으로 인하여 민간 활동이 제한적일 수밖에 없다. 이러한 경우에는 국가 발전을 위한 핵심적인 정책과 사업들이 정부 주도로 이뤄져야 할 것이다. 하지만 선진강국에 속하면서 1인 GDP가 일정 수준 이상 범위에 속하는 국가 내에서는 자유가 보장된 민간 활동이 충분히 활발해질 수 있다고 여기며, 이를 통한 경제 성장의 범위가 더욱 크다는 주장이다.

그렇다고 해서, 사회 공공복지와 관련하여 전적으로 부정하는 것은 아니다. 정부의 도움 없이는 사회 구성원으로서 역할을 제대로 할 수 없는 취약 계층에 대해서는 정부의 적절한 개입이 필요하며, 이와 같은 문제는 좌우를 막론하고 정부의 기본적 책무라고 주장한다.

또한 개인의 투자로는 실현될 수 없거나 민간 기업이 주도하기 어려운 공공사업과 복지 영역에 대해서는 정부가 적극적으로 주도하여 시행하는 것이 마땅하다고 여긴다. 이처럼 최소한의 사회 복지를 위한 정부의 개입과 전반적인 자유 시장경제를 기반으로 한 사회 운영의 조화가 보수주의가 추구하는 가장 이상적인 조합이다.

최근 국내에서는 윤석열 정부 시기 여당의 부동산 3세(재산세, 소득세, 양도세)를 비롯한 상속세, 증여세 등과 같은 각종 세금의 감세 개정 정책을 펼쳤던 이유 역시 개인의 경제적 자유를 보장하고, 시장을 활성화하기 위한 목적에서 비롯되었다. 금융투자소득세 폐지를 둘러싼 여야 간의 논쟁에서도 여당은 폐지를 주장했고 야당은 반대하는 입장을 보였으나, 결국에는 여야 간의 합의를 통해 전면 폐지에 이르렀다.

이처럼 보수주의는 세금 정책에 있어서 개인의 경제적 자유와 시장의 활성화를 중시하며, 이를 위해 감세 정책을 적극적으로 지지한다.

보수주의적 외교 기조

근대 역사에서 자유민주주의를 수호하는 자유 진영과 공산 사회주의를 지향하는 공산 진영 간의 이념 대립은 여러 사례를 통해 확인할 수 있다. 미국과 소련의 냉전, 동독과 서독의 분쟁, 베트남전쟁, 한국전쟁, 그리고 현재까지도 이어지는 러시아·우크라이나 전쟁 등은 모두 이러한 이념적 대립 구도 속에서 발생한 대표적인 갈등 사례이다.

21세기에 들어서면서 세계 질서는 미국과 중국의 패권 경쟁 구도로 개편되었다. 과거에는 미국과 러시아 간의 대립이 두드러졌으나, 중국이 경제적·군사적으로 빠르게 성장하면서 국제사회에서의 영향력이 확대되었고, 이에 따라 미·중 간 경쟁이 더욱 격화되었다. 이로 인해 세계 각국은 외교 정책을 수립하는 과정에서 미국과 중국의 입장을 고려하지 않을 수 없는 상황에 놓이게 되었다.

보수주의 사상은 자유를 중시하는 경향이 강하기 때문에, 이러한 국제적 대립 속에서 자유 진영을 지지하고 특히 미국과의 협력을 강조하는 입장을 견지해 왔다. 반면, 공산주의 체제에 대해서는 자유와 민주주의를 위협하는 요소로 인식하여 경계를 늦추지 않는다.

앞서 언급한 여러 전쟁은 단순한 영토 확장이나 세력 다툼을 넘어, 이념의 충돌이라는 성격을 지닌다. 이러한 맥락에서 보수주의적 시각에서는 공산주의가 자유를 침해할 목적으로 무력 사용까지 동반할 수 있다는 점에서 위험성이 크다고 판단하며, 이에 대한 경각심을 지속적으로 유지해야 한다는 입장을 취한다.

한국전쟁 또한 이러한 이념 대립의 연장선상에 놓여 있다. 전쟁의 발단이 북한의 남침이었던 만큼, 대한민국 보수 정권은 대북 정책에 있어서 비교적 강경한 태도를 유지해 왔다. 이는 북한 정권(조선노동당을 비롯한 핵심 지도부)이 지속적으로 군사적 위협을 가하고 있다는 인식에서 비롯되며, 이에 대한 안보적 대응이 필수적이라는 판단에 따른 것이다. 다만 북한 주민과 수뇌 정권을 분리하여 바라보려는 시각도 존재하며, 이는 인도적 지원과 같은 측면에서 고려될 수 있다.

국내 보수 정권은 북한뿐만 아니라 국제 정세 속에서 공산주의 국가들의 영향력 확대를 견제하기 위해 자유 진영 국가들과의 협력을 중요시한다. 특히 미국과 일본과의 관계를 강화하여 안보 및 경제 협력을 추진하는 것은 이러한 기조의 연장선에 있다. 경제적 교류는 안보 협력과도 밀접하게 연결되어 있으며, 미국과의 공조는 필수적 요소로 간주된다.

일본 역시 동북아 지역에서 자유 진영에 속하는 국가로, 중국의 부상을 견제하는 데 있어 협력의 필요성이 강조된다. 이에 따라 국내 보수 정권은 한·미·일 협력을 강화하는 방향으로 일본과의 우호적인 외교 정책을 전개해 왔다. 이를 단순한 "친일" 행보로 해석하고 비판하는 시각은, 자유주의적 이념의 연대를 지향하는 보수주의 외교의 본질을 간과한 해석일 수 있다.

한편, 중국의 부상은 국제사회에서 무시할 수 없는 부분이다. 중국은 세계 주요 강대국으로서 경제적·군사적 영향력을 확대하고 있으며, 한국과 지리적으로 인접한 국가이기도 하다. 따라서 실용주의적 관점에서 중국과의 외교적 교류는 불가피하며, 경제 협력 또한 이루어지고 있다. 다만 보수주의적 외교 기조에서는 미국과의 관계를 최우선시하며, 이는 외교 정책의 기본적인 방향성으로 유지된다.

결론적으로, 국내 보수주의적 관점에서 국제 정세와 외교 정책을 분석할 때, 자유 진영과의 협력 강화, 공산주의 체제의 확장 견제, 안보 중심의 대북 정책이 핵심 요소로 작용한다. 이러한 외교 기조는 국가의 안보와 경제적 이익을 보호하기 위한 전략적 판단에 기반하며, 앞으로도 세계 정세 변화에 따라 조정될 가능성이 있다.

보수주의의 인간관과
자유의 세계관

이제까지 산업, 젠더, 민족성, 감세 정책, 외교와 같은 주제와 관련한 보수주의적 관점을 살펴보았다. 앞서 언급된 사례들을 통하여 보수주의에서는 사회적 평등과 포용성을 강조하는 정치적 올바름(Political Correctness)보다는 성장에 초점을 두는 실용성을 강조한다는 점을 알 수 있다.

마무리를 돕는 차원에서 보수우파 세력에서는 왜 그토록 "자유"를 핵심 가치로 삼는지 알아보고, 보수주의 세계관에 대한 추가 설명을 덧붙이고자 한다.

기본적으로 보수주의에서 바라보는 인간상은 개개인의 생명이 소중하며, 천부인권을 인정한다는 입장을 견지한다. 그러나 동시에, 이러한 인간이 집단을 이루었을 때는 어떠한 야생동물보다도 야만적으로 변할 수 있으며, 판단력이 흐려질 수 있다고 평가한다. 마치 사이버 공간의 '익명'이라는 집단 속에서 야수성이 발현되어 난폭한 표현과 비방의 글이 난무하는 것처럼.

보수주의는 인간 사회에서 집단을 이뤘을 때 나타나는 이러한 야
수성, 야만적인 모습을 경계한다. 즉, 무리에서 비롯된 대중의 판
단이 절대 선이 될 수 없다고 여기며, 인간 심리와 본성을 고려했
을 때, 모든 사람이 평등하고 풍요롭게 사는 이상적인 국가를 실현
하는 것은 불가능하다고 본다. 따라서 국가는 평등 실현을 강제하
기 위해 개입해야 할 것이 아니라, 개인에게 자유를 부여하고 그에
따른 책임을 지도록 해야 한다는 것이 보수주의의 핵심적 사고방식
이다.

또한 세상에는 좋은 사람만큼이나 악인[1]들 또한 많이 존재한다.
세상은 꽃밭이 아니기에, 모두가 평등해야 할 이유가 없다고 보며,
이러한 악인들까지 '평등'이라는 명목 아래 무조건적으로 포용하는
것은 공공의 치안과 사회 안전망을 악화시킨다는 부작용을 초래할
위험이 크다고 본다.

따라서 각자의 가치 기준에 부합하지 않는 사람들이 존재하더라
도, 그러한 사람들을 포함하여 모두에게 자유를 보장하되, 그 책임
을 엄격히 묻는 것이 공공선을 실현하는 가장 합리적인 방식이라고
판단한다. 이를 위해서는 법치라는 울타리가 굉장히 단단하여야 하
며, 강력한 법과 질서 속에서 개인의 자유가 최대한 보장될 때, 사

---

[1] 인간 특성을 이분법적으로 정의 내리는 것은 적절치 않을 수도 있기에, 여기
서 말하는 악인이란, 법을 어기거나 사회적 물의를 일으키는 사람들이라고
명시하겠다. 또한 아주 개인적인 관점에서 바라보았을 때, 개개인 저마다의
가치 기준에 부합하지 않는 사람들이라고 정의할 수 있다.

회는 보다 조화롭게 유지될 수 있다고 믿는다.

즉, 국가가 특정한 사회적 이상향을 일방적으로 제시하고 강요하는 것이 아니라, 자유와 책임에 기반한 시스템 속에서 개인들이 스스로 어울리고 협력하며 자연스럽게 사회적 이상향을 만들어 나가는 것이 바람직하다고 본다. 자유는 질서 안에서 꽃피는 것이며, 무조건적인 포용은 서로 대비되는 세계관을 무리하게 공존시켜 혼란을 불러올 수 있다는 점 또한 강조한다.

그뿐만 아니라, 보수주의 인간관에서는 사람과 사람 사이의 차이를 자연스러운 것으로 여긴다. 모두가 똑같을 수는 없으며, 인간 사이의 차이는 필연적인 현상이라는 주장이다. 키가 큰 사람도 있고 작은 사람도 있으며, 성격이 드세고 다부진 사람이 있는 반면 온순한 사람도 존재한다.

이처럼 사람들의 성향은 가지각색이며, 제각각 고유의 기질을 지닌다. 이러한 차이가 조화를 이룰 때 사회는 더욱 건강하고 아름다워질 수 있다고 주장한다. 이것이 보수주의 철학에서 말하는 인간관이다.

평등만을 내세우고 이를 과도하게 강조한다면, 불평등에 대한 이질감은 더욱 커질 것이다. 따라서 차이를 억지로 끼워 맞추려 하지 않고, 억지스러운 평등을 강조하지도 않는다. 각자의 기질과 역할은 분명히 다르며, 필요로 하는 부분 또한 상이하다는 점을 인정한 상태에서 사회적 조화를 추구할 수 있다고 본다.

이러한 이유에서 보수주의는 평등에 대한 가치보다 "자유"의 가치를 높게 삼으며, 개인의 자율성과 책임을 강조하는 체제를 지향하는 것이다. 또한 보수주의는 국가가 특정 계층을 위해 개입하여 사회적 평등을 강제할 경우, 다른 계층의 불만을 초래하고 더 큰 사회적 혼란을 유발할 수 있다고 본다.

따라서 평등 실현 역시 강제적인 개입이 아니라 개인의 자유를 기반으로 이루어져야 한다고 주장한다. 즉, 개개인의 자발적이고 자율성에 기반한 평등 실현과 사회적 조화가 공공선을 위한 이상적인 사회 방향이라고 여긴다.

3부

진보주의(Progressivism)

좌파를 상징하는 대표적인 키워드는 "평등"이다. 개인의 자유를 일부 제한하더라도 국가가 주도하는 사회적 분배와 평등을 강조한다. 평등한 사회 기반 구축이 선행되어야 구성원의 성장 또한 이루어질 수 있다고 주장한다. 사회 구성원 간의 동등한 기회를 중요하게 여기며, 이를 실현하기 위해 정부가 시장경제에 개입하여 규제를 주도하며 사회적 안전망을 구축해야 한다고 본다.

사회적 차등 현상에 대해서는 사회 구조적 문제에 초점을 두며, 책임을 개인에게 묻지 않고 정부가 직접 책임지는 방향을 지향한다. 개인과 기업의 성장보단 공공을 위한 복지 정책과 세금을 통한 부의 재분배를 중시한다. 이처럼 좌파 정신의 핵심은 "평등"과 "분배"를 가장 중요하게 여기며, 정부의 사회적 개입을 적극 지향한다는 점을 알 수 있다.

좌파라는 개념 또한 사회주의 이념을 지향하는 사람들의 진영을 뜻하는 말이므로, 사회주의 사상에 대한 본질적 이해가 필요하다. 다만, 서구 사회에서 지향하는 사회주의적 이념과 현재 대한민국의 사회적 맥락에서 인식되는 사회주의적 이념 사이에는 약간의 차이가 존재한다. 이러한 이유로 대한민국에서는 좌파 진영을 대변하는 이념적 단위를 진보주의라 부르고 있다.

실질적으로 현대의 서구 사회에서도 사회주의라는 이념은 사실상 우리나라에서 인식되는 만큼의 큰 거부감을 주지 않으며, 그저 좌익 진영을 대변하는 하나의 이념으로서 자리 잡고 있다. 특히 복지 사회 실현을 도모하는 일부 북유럽 국가들은 민주주의 체제 내에서 조세와 복지를 강화하는 사회민주주의적 정책을 적극 채택해 왔다. 이는 사회주의가 극단적인 공산주의적 이념과는 달리, 과도기적이면서도 비교적 온건한 형태로도 실현될 수 있는 이념임을 보여 준다.

따라서 대한민국에서의 진보주의 또한 사회주의가 지향하는 평등과 다자적 가치를 표방하고 있으며, 민주주의 체제 내에서도 실현될 수 있는 사회민주주의적 성격을 담고 있는 하나의 추상적인 이념 단위로 이해할 수 있다. 아래 정책적 사례나 이념적 특징 또한 대한민국에서 실현되고 있는 진보주의적 가치에 기반하여 중점적으로 설명하고자 한다.

진보주의는 사회와 제도의 변화를 통해 더 나은 시대를 만들어 가야 한다는 기조를 바탕으로 한다. "진보"라는 단어에서 알 수 있듯이, 진보주의는 기존의 사회적 · 경제적 · 정치적 체제가 완전하지 않다고 판단하며, 지속적인 개혁과 혁신을 통해 보다 공정하고 발전된 사회를 이루어야 한다고 본다.

진보주의의 핵심은 사회적 불평등과 부조리를 해소하고, 소수의 권리를 보호하며, 만인의 조화를 이루는 데 있다. 또한 시장경제 체제와 자본주의 경제 체제에는 분명한 한계가 존재한다고 주장하며, 이에 대한 대안적 경제 질서를 적극적으로 모색한다.

이러한 관점에서 진보주의의 기본적인 정의는 "기존의 사회 원칙이 최선이 아닐 수 있으며, 시대와 문명이 변함에 따라 사회적 인식 또한 변해야 한다는 의미로 변화를 적극 수용하는 이념"이라고 볼 수 있다. 이는 곧 정부의 적극적인 사회 개입을 강조하는 방향으로 이어진다. 정부는 시장의 불공평을 보완하고, 공공 영역에서 사회적 안전망을 구축하여 모두에게 평등한 기회를 제공해야 한다는 입장을 취한다.

또한 진보주의는 단순한 시장 논리에 의해 평등 구조가 훼손될 수 있음을 경계한다. 예를 들어, 무제한적인 자유 시장경제가 빈부 격차와 같은 사회적 불평등을 초래할 수 있다고 보며, 이를 조정하기 위해 공정한 경쟁 환경 조성과 정부의 제도적 개입이 필요하다고 주장한다.

결과적으로, 진보주의는 현재의 자유 시장경제 체제를 전적으로 신뢰하기보다는, 정부의 개입과 규제를 통해 부분적인 개혁이 필요하다는 입장이다. 보수주의가 점진적 변화를 통해 기존의 가치와 체제를 유지하면서 개혁을 이루려 한다면, 진보주의는 보다 적극적인 변화를 통해 사회적 정의와 평등을 실현하려 한다는 점에서, 변화의 속도와 방향성에서 차이를 보인다는 것을 알 수 있다.

환경과 산업에 대한
진보주의적 관점

시장경제 시스템을 지적하는 이유 중 하나는, 과도한 산업 발달로 인해 환경 문제를 간과한다는 것이다. 이에 따라 진보주의적 관점에서는 기업의 자유를 일부 제한하더라도, 정부가 규정하는 까다로운 환경 관련 기준치를 반드시 준수해야 한다는 입장이 강하다.

이는 과도한 산업의 발달로 인한 경제적 부흥이나 시장경제의 활성화보다는 환경이라는 사회적 기틀을 더욱 중요하게 여긴다는 것이다. 즉, 개인이 아닌 사회적인 문제에 초점을 두는 좌파 이념의 본질에 의거한 현상이라 할 수 있다. 이와 관련된 국내·외적 대표적인 사례들을 살펴보자.

문재인(대한민국 제19대 대통령) 정부 시기에는 ESG[1]를 비롯한 여러 환경 정책들이 본격적으로 시행되었다. 이는 정부 주도의 규

---

[1] 기업이 환경(Environment), 사회(Social), 지배구조(Governance)에 대한 책임을 다하며 운영되고 있는지를 평가하는 지표. 투자자나 소비자가 기업의 지속 가능성과 윤리성을 판단하는 기준이 되기도 함.

제와 인센티브를 통해 기업의 친환경 정책 이행을 유도하려는 목적에서 추진된 것이다.

또한 그린 텍소노미[2] 정책을 모티브로 하여 K-텍소노미 정책을 주도적으로 개편하였다. 친환경적 에너지원을 적극 지향하는 K-텍소노미 정책 기준을 기조로 삼아 에너지 사업에 대한 방향성을 전환하기도 하였다. 그 결과, 친환경적 에너지원에 포함되지 않는다는 이유로 기존에 유지해 오던 원자력 사업을 축소하고, 태양광 사업을 중심으로 대체하는 정책이 추진되었다.

노무현(대한민국 제16대 대통령) 정부 역시 친환경 에너지 육성을 주요 과제로 삼아 태양광, 풍력 등 재생에너지 산업 강화의 방향성을 제시하였다.

또한 김대중(대한민국 제15대 대통령) 정부와 노무현 정부 집권 시절에는 그린벨트 보존과 해제 최소화를 위한 규제 정책이 핵심적으로 시행되었다. 민간 개발이 아닌 공공사업 목적으로 인한 해제만을 허용하고, 해제 시 환경평가 기준치를 강화한다는 게 주된 내용이었다. 이는 기업과 민간 사업에 대한 투자보다는 친환경 정책과 지속 가능한 개발 기조에 의의를 두었음을 보여 준다.

미국에서도 유사한 환경 정책 기조가 나타났다. 조 바이든(미국

2　기후 변화 대응과 지속 가능한 성장을 위해 환경적으로 지속 가능한 경제 활동을 분류하고 판단하는 기준 체계. 유럽연합(EU) 등을 중심으로 논의됨.

제46대 대통령) 행정부는 미국 SEC(증권거래위원회)를 통해 기업의 재무제표에 기후변화 관련 정보(탄소 배출, 감축 계획 등)를 의무적으로 공시하도록 하는 정책을 본격적으로 추진하였다. 정부 및 공공기관에서 기업의 탄소 배출량을 단계별(Scope 1,2,3으로 분류)로 공개하도록 요구하고, 기후 리스크를 재무제표에 명확히 반영하도록 함으로써 기업에 대한 환경 규제를 강화하였다.

기업이 사용하는 전력의 100%를 재생에너지로 대체하는 RE100 캠페인 역시 버락 오바마(미국 제43 · 44대 대통령) 행정부 시절 미국 내에서 본격적으로 확산되기 시작했으며, 바이든 정부에 들어서면서 정책적 지원이 확대되었다. RE100에 참여한 기업들은 자사에서 사용하는 전력의 납품 기업에도 100% 재생 에너지 대체를 요구하는 등 연쇄적인 RE100 캠페인 참여가 확산되었다.

이와 같은 환경 중심의 정책 기조는 기후 리스크가 기업 가치에 미치는 영향을 최소화하기 위한 목적에서 비롯되었다. 이처럼 진보주의에서는 과도한 시장경제 활성화를 위한 자율적인 산업 투자의 지원보다는, 기후 변화에 대응하기 위한 환경 규제와 그에 맞는 정책을 주도적으로 강조하는 경향을 보인다.

진보주의적 젠더 가치관

시대 변화에 따라 생물학적 성별 외에도, 그 중간 지점을 나타내는 소수 성별에 대한 다양한 개념들이 등장하고 있다. 진보주의 사상에서는 LGBTQ를 비롯하여 여러 성별들에 대한 성 정체성과 개념을 존중하는 경향을 보인다.

성 소수자들 또한 평등 실현의 대상이 되어야 한다는 관점에서, 시대 변화에 따라 기존에 자리 잡은 이분법적 성 분류 시스템 또한 개선될 필요가 있다는 주장이다. 성별의 다양성에 대한 인식은 국내보다 해외에서 보다 빠르게 확산되고 있어, 관련 정책들 또한 해외에서 더욱 두드러지게 드러난다.

우선 동성결혼과 관련된 사례를 살펴보자.

미국에서는 버락 오바마 행정부 시절 동성결혼을 공개적으로 지지하며 합법 정책을 주도하였다. 이후 연방대법원의 판결로 인해 미 전역에서 동성결혼이 법적으로 보장되었고, 각 주가 이를 금지할 수 없게 되었다.

유럽에서는 빔 코크(네덜란드 제48대 총리) 정부가 2001년 세계 최초로 동성결혼을 합법화하였으며, 이후 스페인, 노르웨이, 포르투갈, 아이슬란드, 덴마크, 독일 등에서도 진보 정권(또는 의회) 주도하에 합법화 정책이 잇따라 시행되었다.

다음으로는 X 성별(제3의 성별을 칭하는 단어)에 대한 법적 인정 사례이다.

독일에서는 제3의 성별을 법적으로 인정한 이후, 성별 구분이 없는 화장실 설치 정책이 확대되었다. 프랑스 역시 법적 의무화 단계까지는 이르지 않았지만, 일부 공공기관과 대학교를 중심으로 성별 구분 없는 화장실이 도입되고 있다. 이탈리아, 헝가리, 폴란드 등의 보수 성향이 짙은 국가들을 제외하곤 유럽 각국에서도 성 중립 화장실 도입이 점차 확산되는 추세이다.

미국 오바마 행정부는 공립학교 내 트랜스젠더 학생을 위한 전용 화장실을 설치하라는 지침을 내렸으며, 이를 따르지 않을 경우엔 연방정부의 교육 예산 지원을 중단하는 사례도 있었다.

바이든 행정부 역시 학교 및 공공기관에서 남성용, 여성용, X용 화장실 사용을 보장하도록 하였으며, 운전 면허증, 주민등록증, 여권 등의 공식 문서에서 X 성별 표기를 공식적으로 인정하였다. 이에 따라 미국 국무부에서는 최초로 X 성별 표기가 포함된 여권을 발급하였고, 2022년부터는 모든 미국인이 여권 신청 시 X 성별을 선택할 수 있게 되었다.

국내에서도 이러한 정책들과 관련된 사례들을 살펴볼 수 있다.

노무현 정부 시절, 대법원은 최초로 트랜스젠더의 성별 정정을 허용하였다. 이러한 판결 이후로 국내에서는 성 전환 수술 이후 주민등록상 성별 정정이 가능해졌다.

문재인 정부 또한 차별금지법을 주요 공약으로 내세웠으며, 공공기관 내 LGBTQ를 위한 담당 부서 개설과 퀴어 축제를 위한 적극적 지원 등의 정책적 방향성을 보였다. 동성결혼의 법제화는 이뤄지진 않았으나, 이를 둘러싼 사회적 논의는 지속되었다.

제22대 국회에서도 더불어민주당을 중심으로 포괄적 차별금지법 발의가 주요 의제로 다루어졌다.

이처럼 진보주의 이념에서는 성별을 보다 넓게 이해하고 포용하려는 태도를 보이며, 다양한 성별이 함께 어우러지는 평등한 사회를 지향한다.

진보주의적 민족 정체성

국가의 정체성을 고려할 때, 진보주의 사상에서는 포용성을 중시한다. 같은 영토 내에 살아가는 모든 사회 구성원들에 대한 평등한 대우를 지지한다. 민족적 특색이 각기 다르더라도, 모두에게 동등한 주권을 보장해야 한다는 성격이 강하다.

따라서 외국인 수용, 이민 정책과 관련하여 비교적 개방적인 입장을 취한다. 부분적으로 기존의 자국민과 유사한 수준의 참정권을 부여하는 경우도 있다. 즉, 진보 정권에서는 포용 국가를 지향하며 적극적인 외국인 수용 정책을 펼친다는 것이다. 국내·외에서 나타나는 대표적인 사례들을 살펴보자.

대한민국에서는 문재인 정권 시절, 본격적인 다문화 국가를 향한 진전을 선언하며 외국인 근로자를 포함한 전체 외국인 인구를 대거 수용하였다(약 250만). 이는 포용성을 중시하며 외국인 근로자와 다문화 가정에 대한 지원을 강화한 정책 기조의 영향으로 볼 수 있다.

또한 2005년 노무현 정권 시절에는 공직선거법 개정을 통해, 국내에서 3년 이상의 거주 기간을 거친 외국인들에게 영주권과 지방선거 투표권을 부여하는 정책이 시행되었다.

좌파 정권의 외국인 수용 정책은 해외에서도 선명하게 나타난다. 대표적인 예로는 쥐스탱 트뤼도(제23대 캐나다 총리)의 이민 정책을 들 수 있다.

트뤼도 총리는 매년 캐나다의 이민자 수용 목표를 지속적으로 확대해 왔다. 다문화주의를 강조하며 연간 50만 명 수준의 노동자, 유학생, 난민 등을 적극적으로 유치하였다. 특히나, 인도주의적 이민 정책의 일환으로 5만 명 이상의 시리아 난민들을 적극 수용하였다.

영국의 토니 블레어(영국 제58대 총리) 정권 또한 친이민 정책을 본격적으로 추진하였으며, 주요 기조는 다문화주의를 통한 국가 성장에 있었다. EU 확대에 따라 약 300만 명 이상의 동유럽 국가 출신 이민자들이 유입되었고, 그 결과 런던 내의 백인 비율은 약 36% 정도로 집계되었다. 이민자들의 인구가 기존 자국민 비중을 상회하는 사회적 변화가 나타난 것이다.

프랑스 역시 유사한 흐름을 보인다. 19세기 말 급격한 산업화를 거치며 노동력 확보를 위해 이민자들을 적극적으로 받아들였으며, 제2차 세계대전의 영향으로 대규모 이민자와 노동자들이 프랑스로 건너 들어왔다.

　이러한 역사적 배경과 프랑스 동화주의 원칙에 따른 여러 이민 정책으로 인해, 현재 프랑스 내에 다양한 국가 출신의 주민들이 많이 거주하고 있다. 이러한 가운데, FLI(La France Insoumise)와 같은 진보 성향 정당은 이민자들의 복지, 거주권 확대와 같은 친이민 정책을 지지하고 있다.

　이러한 사례들을 통해 진보주의가 지니는 포용성과 평등에 기반한 성격을 이해할 수 있다. 또한 엄격하고 제한된 정책보다는 개방적이고 다문화 사회에 가까운 수용 정책을 적극적으로 주도하는 경향이 있음을 알 수 있다.

진보주의적 시장관,
과세 주도 정책

진보주의 관점에서 바라보는 정부의 역할은 사회 구성원 간의 형평성을 보장하고, 경제적 기회와 복지를 확대하는 데 중점을 둔다. 완전한 자유 시장경제는 필연적으로 소득 불평등을 심화시키고 사회적 불균형을 초래할 수 있다고 본다. 따라서 정부는 시장이 스스로 조정하기 어려운 사회 구조적 문제를 적극적으로 파헤치며 개입해야 한다고 주장한다.

진보주의는 경제 정책의 주요 수단으로 과세를 통한 재분배 정책을 강조한다. 감세 정책이 기업과 개인에게 경제적 자유를 보장할 수는 있지만, 공공 서비스와 사회적 안전망을 약화해 결국 사회 전체의 불안정을 초래할 수 있다고 본다.

따라서 적극적인 과세 정책을 통해 민간 사업보단 공공사업 진행에 더욱 중점을 두며, 교육과 의료, 공공 인프라와 복지 서비스 등에 대한 정부의 투자를 확대하여 보다 많은 사람이 경제적 혜택을 누릴 수 있도록 지원하는 것이 사회적 성장을 촉진하는 길이라고 주장한다.

또한 진보주의는 시장이 모든 사람에게 공정한 기회를 제공하지 않는다고 본다. 예를 들어, 출신 배경이나 경제적 여건에 따라 교육 기회가 차등적으로 주어질 수 있으며, 이는 장기적으로 사회 이동성을 제한하는 요인이 될 수 있다. 따라서 공교육 지원을 강화하고, 모든 시민이 양질의 교육 서비스를 받을 수 있도록 하는 정책이 필요하다고 본다.

사회 복지의 역할과 관련해서도 진보주의는 정부의 적극적인 개입이 필요하다고 강조한다. 보수주의에서는 과도한 사회 보장제도가 개인의 성장과 경제 동력을 저해할 수 있다고 우려하는 반면, 진보주의에서는 사회 보장이야말로 개인이 경제적 불안정에서 벗어나 역량을 발휘할 수 있도록 돕는 요소라고 본다. 예를 들어, 실업 급여나 기본소득과 같은 정책은 사람들이 경제 활동에 대한 불안을 줄이고 안정적인 기반을 마련하도록 지원할 수 있다고 주장한다.

또한 환경 보호와 지속 가능한 발전을 위해 정부의 규제가 필수적이라고 본다. 자유 시장경제가 기업과 산업의 혁신을 촉진하는 것은 사실이지만, 산업화를 통한 경제 성장 추구가 환경 파괴나 노동 착취 등의 부작용을 초래할 수 있기 때문에 정부가 이를 조정할 필요가 있다는 것이다. 이에 따라 탄소 배출 규제, 친환경 대체 에너지 투자, 노동 보호법 강화 등의 정책이 필요하다고 주장한다.

결과적으로, 진보주의는 사회적 형평성을 중요한 가치로 보고, 정부가 적극적으로 개입하여 보다 공정한 기회와 안전망을 제공해야 한다고 여긴다. 개인과 기업의 자율성이 일부 세력에 집중되지 않고 모두에게 균형 있게 분배될 수 있도록 하는 것이 이상적인 사회라는 입장이다.

문재인 정부에서 소득세 최소 세율을 42%로, 법인세율을 25%, 종부세 최고세율을 6.0%로 인상하는 등 적극적인 과세 정책을 시행한 것이 대표적인 사례이다. 또한 당시 정부 여당인 더불어민주당 및 행정부에서는 사회보험료(국민연금, 건강보험료 등) 인상 방안을 검토하였으며, 기업의 탄소 배출량에 따른 탄소세와 환경세 도입을 논의하였다. 신용카드 소득공제 확대 정책 또한 한시적으로 확대된 이후 현재까지 유지되고 있다.

이러한 과세 정책들은 조세 형평성 강화를 도모하고, 사회 구조적 문제 해결을 위한 정부 주도적 지원 활동에 필요한 재정을 확충하려는 목적에서 비롯되었다.

진보주의적 외교 기조

진영 대립이 극대화되고 있는 세계 정세 속에서, 진보주의 사상은 국제 관계에서 협력, 인권, 상호 의존을 중시하는 경향이 강하다. 따라서 단순히 이념적 대립을 기준으로 외교 정책을 결정하기보다는, 다자주의를 바탕으로 한 외교 방식을 고려하는 입장을 견지해 왔다.

자유 진영과 공산주의 진영 간의 대립을 냉전적 사고로만 바라보기보다는, 외교의 방향성을 결정하는 데 있어서 국가 간의 차별이 있어서는 안 된다고 강조한다. 미·중 패권 전쟁 시대로 접어들면서도, 국내 진보 정권은 어느 한 국가에 편향된 외교를 지향하기보다는 양측 모두와의 우호적인 관계 유지를 중시하는 외교 방식을 고수해 왔다.

남북 분단 역시 이념 대립의 연장선에 있지만, 진보주의적 관점에서는 북한의 남침과 자유 진영 대 공산 진영의 갈등 논쟁을 전면에 두기보다는 화해와 협력의 가능성을 고려해야 한다는 입장을 유지해 왔다. 특히 남북 관계에 있어서는 한반도의 비핵화와 대화 중심의 외교 정책을 기조를 삼는다.

대한민국의 진보 정권은 북한과의 갈등을 단순한 군사적 대립으로만 보지 않고, 경제 협력과 문화 교류, 금전적·인도적 지원을 통해 지속적인 관계 유지를 도모하는 정책을 추진해 왔다. 지속되는 북한의 군사적 위협과 극적으로 대비되는 이념의 차이가 분명 존재하더라도, 한겨레·한민족 정신을 중시하며 한반도의 항구적인 평화와 관계 유지를 추구해 왔다. 이는 포용성과 평등, 인권, 공존의 가치를 중시하는 진보주의의 본질에서 비롯된 것이다.

또한 국제 사회에서 공산주의 국가들과의 관계 설정에 있어서도 대립보다는 협력과 공존의 길을 모색하는 것이 중요하다는 입장을 내세운다. 예를 들어, 중국의 부상을 단순히 위협적인 요소로만 인식하기보다는, 경제적 협력의 대상으로 인식하면서도 민주주의와 인권 문제를 제기하는 방식으로 상호 공존의 단계로 나아가야 한다고 본다.

이러한 관점에서 한국의 진보 정권은 미국과의 동맹만을 절대적으로 중시하기보다는, 미·중 갈등 속에서 양측 모두에게 균형 있는 접근과, 외교적 형평성을 확보하려는 전략을 추구해 왔다. 미국과의 동맹은 대한민국 경제와 안보의 핵심 요소이지만, 미국의 외교 정책이 항상 대한민국의 정책 기조와 일치하는 것은 아니라는 점 또한 고려해야 한다는 입장이다.

따라서 진보주의적 관점에서는 일방적인 한·미 동맹 강화보다는, 형평성 있는 외교 노선을 강화하고, 동북아시아 지역에서의 다자적인 협력을 선호한다.

한·일 관계에 있어서도 진보주의는 한·미·일 동맹 중심의 협력이 반대 진영 국가들의 반감을 유발할 수 있다는 점을 우려하며, 과거사 문제에 대한 국민 정서가 충분히 해소되지 않았다는 점에서 일본과의 협력 역시 신중하게 접근해야 한다고 여긴다.

이에 따라 일방적인 한·미·일 자유 진영 중심의 협력보다는, 역사적 갈등과 국민 정서를 고려한 다자적인 국제 협력이 필요하다는 입장을 취한다.

결론적으로, 진보주의적 관점에서 국제 정세와 외교 정책은 공산·자유 진영 간의 대립 관계에만 매몰되기보다, 협력적 정책, 다자적 외교, 형평성 있는 외교, 우호적 접근, 대화와 교류 확대를 중시하는 방향으로 전개된다. 이러한 외교 기조는 한반도의 개방적 외교적 방향성 유지에 필수 요소이며, 앞으로도 국제 정세 변화에 따라 조정될 가능성이 있다.

진보주의의 인간관과
평등의 세계관

진보주의적 관점에서 바라보는 환경, 젠더, 포용성, 과세 정책, 외교와 같은 주제에 대한 입장을 살펴보았다. 언급된 사례들을 통하여 진보주의에서는 성장을 중시하는 실용성보다는, 만인의 평등과 포용성을 강조하는 정치적 올바름(Political Correctness)에 초점을 둔다는 점을 알 수 있다.

마찬가지로 진보좌파 세력에서는 왜 "평등"을 핵심 가치로 삼는지, 그리고 진보주의적 사고에 대한 추가 설명을 덧붙이고자 한다.

진보주의는 사회 환경과 구조가 인간 삶의 방향과 가능성을 크게 좌우한다고 본다. 태어날 때부터 모든 인간이 평등한 권리를 가져야 한다고 주장하며, 이상적인 유토피아를 꿈꾼다. 이와 반대로 현실의 사회는 경제력, 교육, 계급 등 다양한 요소로 인해 불평등이 존재하고, 이러한 불평등은 개인의 선택이 아닌 출발선 자체에서 비롯된 구조적 문제로 이해된다고 본다.

따라서 진보주의는 단순히 법적 자유를 부여하는 것을 넘어, 실질적 기회의 평등을 보장하기 위한 국가의 역할을 중시한다. 특정 집단이 구조적으로 불리한 위치에 놓여 있다면, 국가가 적극적으로 개입하여 불평등을 개선하고, 기회와 부를 재분배하는 것이 정의롭다고 여긴다. 이는 특정 계층을 위한 특혜가 아니라, 모두가 동등한 위치에서 살아갈 수 있는 조건을 마련하는 조치로 이해된다.

또한 사회에는 다양한 배경과 처지를 가진 사람들이 함께 살아가야 하며, 이들을 하나의 공동체로 엮는 데에는 국가적 개입이 필수적이라고 본다. 사회적 차등 현상을 해소하기 위해, 차이에서 비롯되는 불평등한 사회 구조를 문제시하며 모두를 동일선상에 놓기 위한 노력이 필요하다고 여긴다. 선천적인 차이는 분명히 존재하지만, 그로 인해서 모두가 같은 같은 정도로 기회를 누리지도 못한다는 현실을 외면해서는 안 된다는 것이다.

진보주의적 관점에서 형성된 인간상이란, 인간의 존엄성과 공동체의 연대를 바탕으로 모두가 공존할 수 있다고 보며, 다수의 뜻과 대중의 판단을 정의 실현의 중요한 기준으로 여기는 경우가 많다. 따라서 이러한 대중의 판단을 적극 수용하여 사회적 변화를 도모한다.

좌파 진영 내에서 혁명과 개혁을 주도하는 시위대, 촛불단체, 운동권 등 대중 운동이 활발하게 나타나는 이유 역시, 대중의 뜻을 절대적 가치로 삼고 사회 변화를 추구하는 인식에서 비롯된 것으로 해석할 수 있다. 이는 좌파 정신이 프랑스 혁명에서 태동하였다는 역사적 배경과도 맞닿아 있다.

따라서 국가는 사회적 연대를 구현하는 중심축으로서, 단순히 법과 질서를 유지하는 역할을 넘어 사회 정의를 실현하기 위한 적극적 주체로 기능해야 한다는 입장을 취한다. 이는 인간의 존엄과 권리를 최우선 가치로 삼는 이상향을 실현하기 위해 국가가 일정한 역할을 수행해야 함을 뜻한다.

결국, 진보주의적 사고는 평등이 실현되어야 개인의 자유 또한 안정적으로 보장될 수 있다고 본다. 그러므로 평등은 방임이 아닌, 사회적 책임과 국가적 제도를 통해 실현되어야 한다고 믿는다.

4부

정치적 가치 판단

　진보와 보수의 관점에서 바라보는 시장의 형태에 대해 더욱 상세한 설명을 덧붙이려 한다. 이를 이해하려면 초기 자본주의, 수정 자본주의, 신자유주의에 대한 개념적 이해가 반드시 필요하다.

　애덤 스미스에 의해 체계화된 초기 자본주의는 자유방임적 성격이 강했다. 그는 시장이 스스로 균형을 찾아간다는 '보이지 않는 손' 이론을 제시하며, 국가의 경제 개입을 최소화해야 한다고 주장하였다.

　그러나 이러한 자유방임적 자본주의는 19세기 후반부터 산업화의 심화와 독점 자본의 등장, 노동 시장 불균형이라는 문제를 낳았고, 1929년 세계 대공황이라는 어두운 결과를 초래하였다. 정부의 개입과 규제를 극단적으로 차단한 채 시장경제 시스템에 모든 경제적 흐름을 맡긴 결과였다.

　결국 자유방임적 성격이 강한 초기 자본주의는 실패로 돌아가게 되었고, 이러한 한계를 극복하기 위해 등장한 것이 수정 자본주의이다. 수정 자본주의는 경제학자 존 메이너드 케인즈에 의해 이론적으로 정립된 경제 체제로, 시장의 불완전성과 경기 침체를 극복하기 위해 국가의 적극적 개입을 강조한다.

　케인즈는 총수요의 부족을 불황의 주요 원인이라고 보고, 정부가 재정정책과 통화정책을 통해 유효수요를 창출함으로써 고용을 확대하고 경기를 안정시켜야 한다고 주장하였다. 수정 자본주의는 초기 자본주의에 비해 국가의 시장 개입을 보다 적극적으로 인용하며, 시장경제 체제의 한계를 인식하고 정부 주도적 조정 기능을 강화하였다. 이 시기 국가는 수요, 공급, 물가를 직접 조절할 수 있는 권한을 행사하게 되었으며, 복지정책의 확대를 중요한 목표로 삼았다.

그러나 수정 자본주의 또한 완전한 해법이 되지는 못했다. 경제 대공황 직후 등장한 수정 자본주의는 한때 가장 이상적인 경제 체제로 여겨졌지만, 미국과 영국에서 나타난 복지병, 석유파동(오일쇼크), 그리고 소련의 붕괴를 거치며 과도한 정부 개입의 한계를 다시 한번 세계에 드러내게 되었다.

1970년대에 들어서며 서방 국가들은 경기 침체와 물가 상승이 동시에 일어나는 스태그플레이션이라는 현상에 직면했다. 이는 정부의 재정 지출 확대와 과도한 개입이 시장의 효율성을 저해하고, 생산성 하락과 재정 부담을 초래했다는 비판으로 이어졌다. 또한 미국과 영국 등지에서 복지제도의 확대가 근로 의욕 저하, 비효율적 예산 집행 등의 문제를 낳으며 이른바 '복지병'을 초래했다.

여기에 1973년과 1979년, 두 차례에 걸친 석유파동은 세계 경제에 큰 충격을 주었고, 정부 개입 중심의 수정 자본주의가 구조적 한계를 지니고 있음을 드러내는 계기가 되었다. 이러한 경제 위기와 더불어, 소련과 동구권 사회주의의 붕괴는 정부 통제 중심의 경제 체제가 장기적으로 지속 가능하지 않다는 인식을 확산시켰다. 그 결과 수정 자본주의는 과도한 정부 개입이 경제의 자율성과 효율성을 저해한다는 비판 속에서 점차 쇠퇴하게 되었다.

이러한 흐름 속에서 등장한 것이 신자유주의이다. 신자유주의는 초기 자본주의의 무제한적 자유방임에서 비롯된 부작용과, 수정 자본주의의 과도한 정부 개입이 초래한 문제를 모두 보완하려는 시도로 탄생하였다. 1970년대 후반부터 1980년대 초반에 이르기까지, 밀턴 프리드먼을 중심으로 한 시카고학파 경제학자들이 주도한 이 사상은, 시장의 자율성을 회복시키고 정부의 역할을 최소한으로 제한할 것을 강조하였다.

신자유주의는 자유 시장 경쟁을 통해 효율성을 극대화하고, 정부는 시장 실패를 교정하는 최소한의 역할만 수행해야 한다는 원칙을 내세운다. 이러한 신자유주의는 1980년대 미국의 로널드 레이건 정부와 영국의 마거릿 대처 정부를 통해 본격적으로 구현되었다.

이들 정부는 감세 정책, 규제 완화, 노동시장 유연화 등의 정책을 추진하며 정부의 규모를 축소하고 시장 중심의 경제 질서를 강화하였다. 이러한 신자유주의적 정책은 이후 세계 각국으로 확산되었고, 1990년대에는 세계은행(WB)과 국제통화기금(IMF) 등 국제기구의 구조조정 정책을 통해 개발도상국에도 적용되었다.

이러한 자본주의의 변천 과정은 오늘날 좌파와 우파가 시장을 바라보는 관점 차이를 이해하는 핵심적인 기준이 된다.

극단주의 정치의 개념 구분

현시대에서 좌파와 우파를 구분하는 가장 큰 기준이 시장을 바라보는 관점이라고 설명하였듯, 양측이 지지하는 시장의 형태는 분명히 다르다. 일반적으로 좌파적 사고관 속에서는 앞서 설명한 수정자본주의를 지지하는 성향이 강하게 나타난다. 그렇다면 우파적 사고는 신자유주의를 지지한다고 볼 수 있다.

이 내용이 좌파와 우파를 구분하는 가장 큰 핵심이다. 각기 다른 자본주의가 성공과 실패를 모두 겪었음에도 불구하고, 각 진영에서는 자신들이 옳다고 믿는 가치적 기준과 그에 따른 이점을 분명히 인식하며, 이를 토대로 각자의 이데올로기를 지지하는 경향을 보인다.

더 나아가, 수정 자본주의를 넘어 사회주의를 지향하는 강성 좌파가 존재하는 한편, 초기 자본주의를 지향하는 자유방임적 사고관을 가진 강성 우파 역시 존재한다. 그렇다고 하여, 그들을 '극좌' 또는 '극우'로 단순히 치부해서는 안 된다. 극좌라는 단어는 하나의 이

넘 체계로서 자리 잡고 있지 않은 반면, 극우라는 단어는 대중들에게 하나의 이념 체계의 단위로 고착화되어 있기 때문이다.

본질적인 의미로 '극우'란 앞서 언급했듯 극도로 우파적 사고관에 치우쳐 있는 사람이나 세력을 일컫는다. 다만, 중의적인 의미에서 극단적인 파시스트[1]를 의미하는 극우주의라는 하나의 이념 체계 또한 존재한다. 마치 '치킨'이라는 단어가 단순히 닭을 의미하기도 하지만, 일반적으로 튀김옷을 입혀 기름에 튀긴 닭 요리를 뜻하는 하나의 음식 단위로 인식되는 것과 같은 이치다.

하나의 이념 체계로서의 극우주의는 단순히 우성향이 강하다는 의미를 넘어, 파시즘뿐 아니라 극단적 민족우월주의, 인종주의, 팽창주의, 그리고 무력과 폭력을 동원한 권위주의적 독재를 포괄한다. 따라서 단순히 보수적 성향을 지지한다는 이유만으로 극우라고 칭하는 것은, 그들을 폭력주의자, 극단주의자, 민족우월주의자로 오해하게 만들 수 있다.

이러한 이유로 필자는 극단적인 우성향을 지닌 세력을 표현할 때, '극우'보다는 '강성 보수주의자' 또는 '자유방임주의자' 등으로 부

---

1   파시스트는 '파시즘'이라는 이념에 기반하여 행동하는 사람을 의미한다. 파시즘이란 국가의 절대적 권위를 강조하고 집단의 통일과 질서를 중시하는 전체주의적 정치 사상을 말한다. 따라서 파시스트는 이러한 가치관에 따라 강력한 지도자 중심의 권위적 통치를 지지하며, 종종 민족주의와 군국주의적 성향을 보인다. 대표적인 파시스트로는 이탈리아의 베니토 무솔리니와 독일의 아돌프 히틀러가 있다.

르는 것이 보다 정확하다고 판단한다.

그렇다면 극좌 정치에 해당하는 대표적 사례는 무엇일까? 극좌적 성향의 이념 체계는 '극우'라는 단어처럼 고유명사로 정착되어 있지 않다. 히틀러와 무솔리니 같은 극단주의자를 제외하더라도, 스탈린, 모택동, 김일성과 같은 인물들 역시 극단적으로 폭력적인 무력 통치를 일삼았지만, 그들을 극우주의자라고 부르지는 않는다.

그 이유는 그들이 '우' 성향과는 거리가 먼, 분배와 평등을 극단적으로 추구하는 공산주의적 정치를 실행했기 때문이다. 따라서 극좌 정치의 대표적인 형태는 '공산주의 정치' 또는 '공산정치'라고 지칭하는 것이 타당하다.

앞서 설명한 극단주의 정치들은 모두 민주주의를 거부하고, 극단적인 통치를 일삼으며, 무력과 숙청, 폭력을 동원한다는 공통점이 있다. 그러므로 이러한 극단주의자들을 하나로 묶어 부를 때에는 '전체주의자'라고 표현하는 것이 적절하다.

사실상 공산주의는 통치 체제가 아니라 경제 체제에 해당한다. 그러나 공산주의라는 경제 체제를 실현하기 위해서는 전체주의라는 통치 체제와의 결합이 불가피하다. 그 이유는 공산주의라는 이념 자체가 정부의 강력한 개입을 전제로 하므로, 국가가 사회 전반을 통제하는 전체주의 시스템과 구조적으로 잘 결합되기 때문이다.

이로 인해 역사적으로 공산주의 정권들은 모두 전체주의적 통치 구조를 띠게 되었으며, 그 결과 공산주의와 전체주의가 결합한 '공산정치'가 형성된다.

정리하자면, 극우주의는 파시즘과 극단적 민족주의를 포함하며, 전통과 권위, 질서를 강조하는 우파적 사고가 드러난다. 반면, 공산정치(극좌)는 극단적 반자본주의와 평등을 강조하는 좌파적 사고가 드러난다.

양측 모두 극단적인 통치를 위해 무력을 동원하고 민주정을 부정한다는 공통점을 지니며, 이러한 정권들은 모두 국가 주도적인 일방 정치(통치)를 수행한다는 점에서 모두 전체주의 정권으로 분류할 수 있다.

이러한 개념 정리와 비교 분석을 통해, 개개인의 정치적 가치 판단에 한층 더 도움이 되었을 것이다. 정치를 조금 더 학술적으로 파헤친다면, 더욱 많은 사례와 자세한 개념 이해, 역사 등을 탐구할 수 있겠지만, 세계적으로 자리 잡고 있는 정치 사상의 대표적 유형과 그에 따른 정책적 방향성을 기준으로 자신의 가치를 정립하는 것만으로도 가치 중심적 판단을 하는 데 무리가 없을 것이다. 필자는 그러한 방향성을 제시한 것뿐이며, 최종적인 판단은 독자 각자의 몫이다.

사상적 전이 (Ideological shift)

진보와 보수의 가치는 극단적인 대립 개념으로만 인식하기보다는, 상호 절충과 보완의 여지를 가지는 방향으로 접근할 필요가 있다. 자유를 중시하면서도 사회적 평등 실현이 필요한 경우가 있고, 사회 구조적 문제를 지적하면서도 개인의 성장이 필요한 경우가 있기 때문이다.

양측 모두가 극단적인 이념 실현에만 치우칠 경우, 협치를 통한 실용성이 저해되며, 진영 대립으로 인한 사회적 갈등과 양극화가 심화될 수 있다. 그러므로 논리에 기반한 개인의 성숙한 판단, 즉 가치 중심적 사고야말로 각 진영에서 비롯되는 이념의 차이를 이해의 단계로 이끌 수 있는 요소라 할 것이다.

양측 모두 스스로 추구하는 방향과 성향을 드러내기 위해 논리적으로 의견을 보완할 수 있어야 하며, 이러한 논리적 판단이 전제되어야만 대화를 통한 협치가 가능해진다. 표면적이고 무분별한 의사 표현은 오히려 성숙한 대화로 이어질 수 없으며, 상호 무시와 갈등만을 유발할 뿐이다.

또한 시대의 변화에 따라 정치적 가치 역시 변화할 수 있다는 점을 인지해야 한다. 필자가 설명한 내용은 모두 현대 사회 흐름에 기반한 것이기에, 향후 시대적 분위기가 달라질 경우 정치적 기조의 방향성 또한 점진적으로 변화할 가능성이 있다는 것이다.

18세기의 에드먼드 버크는 기존에 유지되어 온 사회적 원칙과 가치를 보존하면서 점진적인 개혁을 지향했다. 그는 프랑스 혁명과 같은 급진적이고 폭력적인 민중 혁명을 비판했다. 뚜렷한 대안 제시 없이 민중의 심리가 작동할 경우, 야만적이고 폭력적인 추상적 혁명으로 흐른다는 점에서 그 한계를 지적한 것이다.

이는 정부의 안정적 존속을 어렵게 하고, 폭력을 정당화하며, 혁명 이후의 대안에 대한 논의가 결여되어 있다는 문제를 내포하고 있었다. 이러한 주장을 근간으로 최초의 보수주의적 사상 체계가 탄생하였고, 이에 대응하여 혁명과 개혁 정신을 강조하는 진보적 사상이 등장하였다.

그 후 현대 사회에 이르러 산업혁명을 거치며 자본주의를 채택한 국가들이 막강한 부를 축적하게 되었고, 이로 인해 시장경제 체제가 보수주의의 최우선 가치로 자리 잡게 되었다. 반면 자본주의 시장경제 체제의 의존을 벗어나 새로운 경제 체제를 모색하려는 사상이 진보적 성향으로 자리매김하게 되었다.

이것을 '사상적 전이(Ideological shift)'라고 한다. 즉, 시대적 분위기와 사회 구조의 변화에 따라 보존해야 할 최우선 가치의 대상이 달라질 수 있다는 말이다. 따라서 앞으로도 시대적 분위기에 따라 좌우 대립 기준의 새로운 골자가 다듬어질 수 있다는 점을 인지할 필요가 있다.

그렇다고 해서 사상의 최초 태동 과정과 그 맥락이 완전히 끊어지는 것은 아니다. 사상적 전이를 거쳐 오면서도 여전히 사회적 질서, 치안 유지, 공공의 안전 등은 보수주의 사상의 지향점으로 남아 있으며, 혁명과 개혁 정신을 근간으로 하는 다문화, 다자적, 공리주의적 사회 실현은 진보주의 사상의 핵심 가치로 이어지고 있다.

더 나아가, 산업혁명을 거치며 자본주의의 형태가 시대의 흐름에 따라 변하게 되었고 현대 사회에서는 신자유주의를 지향하는 우파와 수정 자본주의를 지향하는 좌파라는 새로운 세계관 구도가 형성되었다.

따라서 본인이 수정 자본주의를 지지한다면 스스로를 좌파라고 칭할 수 있는 것이고, 신자유주의를 지향한다면 스스로를 우파라고 칭할 수 있는 것이다. 이러한 정치적 성향은 타인에 의해 규정되는 것이 아니라 개인의 판단에 의해 형성되어야 하며, 그렇게 되어야만 한다.

정치적 중도와 판단의 기준

중도층에 대한 설명을 덧붙이고자 한다. 사회에서는 중도층에 대한 잘못된 인식이 빈번하게 발생한다.

좌파와 우파와 같은 기본적인 정치 골자에 대한 개념 이해 없이, 정치에 대한 관심을 크게 가지지도 않고 성숙한 개인의 가치 판단을 뒤로한 채 정책적 인과를 살피지 않으며 표면적인 부분만을 바라보거나, 선거철마다 있는 입후보자들의 언변과 공약 등을 보고 정당과 정치인에 대한 판단을 하는 부류마저도 중도층이라 인식되곤 한다.

이러한 부류들은 투표 과정에서도 개인의 가치 기준에 부합하는 소신 있는 유권 행사가 아니라, 방향성 없는 선택에 맥없이 표를 날리고 오는 경우가 많다. 또한 비판적 사고 없이 언론과 각종 미디어의 견해를 그대로 수용하는 경향 역시 두드러진다.

이보다 더 정치에 무관심한 계층도 존재한다. 이러한 부류들은 중도층이라고 부를 수 없으며, 정치 무관심층이라 칭하는 게 적절하다.

정치 무관심층은 평소에 정치에 관심을 두지 않다가 선거철이 다가오거나 정치적 이슈가 발생할 때에만 언론과 주변 사람들의 의견에 급히 귀 기울이고, 외부 요인에 의해 자신의 성향이 쉽게 흔들리는 특징을 보인다. 이들은 스스로 정치에 관심을 가지고 있다고 인식하지만, 실질적으로는 일관된 가치 판단의 기준이 결여된 경우가 많다. 필자는 이러한 정치 무관심층이 많이 줄어드는 사회 현상을 기대한다.

필자가 말하는 정치적 중도층이란, 좌파와 우파에 대한 기본적 골자를 충분히 이해하고 양측의 정책적 필요성을 모두 인식한 상태에서 진보와 보수적 사상이 공존하며 상호 조화될 수 있는 방향을 모색하는 부류를 의미한다.

무관심층과의 가장 큰 차이는 좌우 진영과 정치의 본질적 개념에 대한 이해가 전제되어 있는지 여부에 있다. 각 이념의 본질과 진영에 대한 충분한 이해를 바탕으로, 양측 모두의 필요성을 인정하며 중도적인 시각으로 바라보는 사람들을 "중도"라고 부르는 게 타당하다.

또한 무차별적이고 일방적인 정당 지지를 지양해야 함을 강조한다. 정치 본질의 개념을 충분히 이해하고, 특정 이념적 성향을 띠는 정당을 분별하여 지지하는 행위 자체는 충분히 의미가 있다. 그러나 그러한 정당을 비판 없이 무차별적으로 지지하게 된다면 또 다른 부작용이 발생할 수 있다.

예를 들어, 본인의 성향이 진보적이라는 이유로 진보 성향의 A 정당을 전반적으로 지지하더라도, A 정당 내에 100% 진보 성향의 정치인들만 소속되어 있는 것은 아닐 수도 있다. 또한 정당의 정책 기조가 시간이 흐르며 개인의 가치 기준과 어긋나는 방향으로 전개될 가능성 역시 존재한다.

그러기에 정당 내부에서도 진정으로 자신의 가치와 부합하는 정치인들을 잘 가려내야 하며, 정당의 전반적인 방향성을 파악하고 그러한 방향성이 본인의 가치 기준에서 점점 멀어진다면 과감한 지지 철회 또한 고려되어야 한다.

무차별적인 정당 지지는 결과적으로 자신의 가치 기준에 부합하지 않는 정치인들마저도 포괄적으로 지지하게 되는 위험을 내포한다. 따라서 정당을 바라볼 때에는 무차별적이고 일방적인 지지보다는 정당의 당론, 정책적 방향성, 행보에 대한 지속적인 비판과 감시가 요구된다. 진정한 가치 기준적 판단이란, 정당을 지지하기에 앞서 이념과 가치에 대한 분명한 기준을 세우는 데서 출발해야 한다.

언론 왜곡과 비판적 사고

마지막으로, 언론의 문제점에 대해 지적하고 넘어가고자 한다.

본래 언론이 지녀야 할 순기능은, 정확하고 객관적이며 중립적인 보도를 통해 시청자들에게 사실에 기반한 정보를 제공하고, 세계 곳곳에서 일어나는 사건·사고들에 대해 시청자들의 알 권리를 실현하는 데 있다. 즉, 언론은 공공의 이익을 위한 정보 전달자이자, 사실과 진실을 기반으로 한 감시자로서의 역할을 수행해야 한다.

그러나 현대 사회의 언론은 더 이상 이러한 순기능에만 충실하지 않다. 지금의 언론은 사회 양극화를 심화시키는 데 큰 책임이 있으며, 정치적 갈등을 촉진시키는 가장 주된 요인 중 하나가 되었다. 가짜 정보의 범람은 물론, 언론들이 보도해야 할 중요한 사안이 의도적으로 축소되거나 은폐되는 사례 또한 빈번하다.

"진실이 현관에서 신발끈을 묶고 있을 때, 거짓은 지구 반 바퀴를 돌아 있다."라는 말처럼 가짜가 진짜보다 빨리, 더 자극적으로 퍼지는 세상에서 현재의 언론은 그 흐름에 편승하고 있다. 핵심 원인을 꼽자면, 각 언론사마다 특정 정치적 견해가 과도하게 반영되어 있다는 점을 들 수 있다.

이는 단순한 편향의 문제를 넘어, 언론사 자체가 하나의 정치 진영처럼 기능하고 있는 현실을 보여 준다. 물론 과거에도 언론사 간 정치 성향의 차이는 존재했으나, 지금처럼 노골적이고 도를 넘은 수준의 이념 경도 현상은 찾아보기 어려웠다. 언론사들이 특정 정치 세력과 유착하거나 지지 성향을 전면에 드러내고 있으며, 그에 따라 동일한 사건에 대해서도 전혀 다른 해석과 논조를 내놓는 일이 비일비재하다.

사건 발생에 대한 경위나 수치화된 지표, 인과 관계에 따른 사실적 판단과 같은 객관적인 자료 보도 자체에는 문제가 없을 수 있다. 하지만 그 이후의 해석 과정에서는 언론사의 성향이 고스란히 드러난다. 특히 정치·사회 분야의 보도에서는 그러한 경향이 더욱 두드러지는데, 시청자들의 관심을 끌기 위해 자극적으로 설정된 헤드라인, 과장된 썸네일, 확인되지 않은 내용을 기정사실화하는 보도들이 끊임없이 생산되고 있다.

더욱이, 유리하거나 불리한 자료를 선별적으로 취사선택하는 이른바 ‘선택적 보도’는 공정성과 진실성을 해치는 대표적인 문제점이다. 이로 인해 현재의 국내 언론은 정보 전달의 장치라기보다는, 가장 손쉬운 ‘선동 도구’로 전락했다는 비판을 받고 있다. 오죽하면 “언론 플레이”라는 표현이 대중 속에 뿌리 깊게 자리 잡게 되었고, 이는 화제 전환과 군중심리를 이용한 선동을 위해 생겨난 하나의 수법이다.

이러한 언론 선동에 무방비로 노출될 경우, 국민 개개인은 진실과는 거리가 먼 왜곡된 정보 속에서 판단을 내리게 되며, 자신도 모르는 사이 본질적 가치 기준을 잃게 될 수 있다. 무엇보다 우려되는 것은, 개인이 이러한 왜곡을 인지조차 하지 못하게 되는 지점이다. 그렇게 되면, 스스로의 사고와 판단은 점점 무뎌지고, 결국 타인의 프레임 속에서 움직이는 존재로 전락해 버린다.

인간의 본성에서 비롯되는 군중심리는 취약점이 명확해 쉽게 악용될 수 있고 한순간에 좌지우지될 수 있기에, 항구적인 절대 기준이나 절대적 가치가 될 수 없다. 언론은 바로 이 군중심리를 가장 쉽게 악용할 수 있는 통로이며, 그만큼 언론에 대한 무비판적 수용은 대단히 위험하다.

그렇다면 언론과 뉴스를 아예 접하지 말아야 한다는 뜻일까? 그렇지 않다. 보도 내용을 이해하기 위한 충분한 배경 지식을 잘 갖추고, 잘 알지 못하는 생소한 주제의 보도에 대한 판단을 위해선 반드시 비판적 사고를 동원하여야 한다는 의미이다.

우리는 언론에 대한 무조건적인 신뢰를 경계하고, 보도되는 사건들에 대해서는 사실관계와 객관적 수치만을 기준 삼아 판단해야 한다. 정치적 해석이나 해설은 어디까지나 참고 수준에 머물러야 하며, 최종 판단은 각 개인의 이성과 가치관에 근거해 내려야 한다.

궁극적으로 가장 중요한 것은, 언론의 편향된 해석에 판단을 맡기지 않는 '성숙한 주체적 사고'이다. 역사적 사실과 개인적 역량에 기반한 가치 중심적 판단이야말로 우리 사회를 더욱 건강하게 만드는 토대가 된다. 언론의 정치적 해석이 국민 개개인의 가치 판단을 방해하는 현실은 이제 멈추어야 하며, 이러한 악순환 역시 '가치 중심적 사고'를 통해 충분히 극복 가능하다는 점을 다시 한번 강조하고 싶다.

5부

국체와 정체

앞서 살펴본 내용은 사상에 기반한 정책적 기조와 그 방향성을 설명하는 데 초점을 두었다. 이번 장에서는 이러한 정책적 행보와 같은 국가 활동의 근간이 되는 국가의 본질, 즉 국가의 정체성 및 정치 구조에 관해 설명하려 한다. 이는 국가 운영의 근간을 이루는 개념으로서, 국체와 정체라는 두 요소를 중심으로 설명과 예시를 통해 그 의미를 구체적으로 짚어 보고자 한다.

국체(國體)와 국가 형태

국체(國體)란, 형식적으로 주권이 누구에게 귀속되어 있는지를 기준으로 구분되는 국가의 형태이다. 크게는 공화국과 군주국으로 나뉘며, 대표적인 국체의 형태로는 공화국, 왕국, 공국, 제국, 대공국 등이 있다.

즉, 일반적으로 '-국'으로 불리는 다양한 국가 형태들이 국체에 해당된다고 이해할 수 있고, 이는 주권의 귀속 주체에 따라 구분된다. 공화국의 주권은 국민에게 있으며, 왕국의 주권은 왕에게, 제국의 주권은 황제에게, 공국의 주권은 공작에게, 대공국의 주권은 대공에게 귀속된다.

앞서 언급한 국체의 다양한 형태 가운데 공화국을 제외한 모든 국가의 형태들은 군주국으로 설명될 수 있다. 군주국은 과거부터 현재에 이르기까지 여러 형태의 변화를 거치며 왔다. 유럽에서는 황제, 왕, 대공, 공작, 후작 등 다양한 왕권과 작위에 따라 군주가 형성되었고, 아시아에서는 황제 또는 왕, 예외적으로는 천황을 중심으로 군주 체제가 유지되어 왔다.

이러한 군주 국가들의 공통점은 군주가 가진 절대 권력(주권)하에 국민들을 통치해 왔다는 것이다. 이는 국민 모두가 권력을 행사하며 주권을 갖는 공화국과는 상반된 모습이다.

하지만 분명 현대 사회에서는 군주국가임에도 불구하고 국민들이 실질적인 주권을 행사하는 국가들이 존재한다. 대표적으로 영국, 일본, 스웨덴, 덴마크 등이 있다. 이러한 국가들은 국민의 정치 참여와 민의의 뜻을 높게 평가하여 군주국가임에도 불구하고 국민들에게 실질적 주권을 부여하기 위하여 헌법을 도입한 "입헌군주국"에 해당한다.

역사에 기반한 국가 전통성과 군주의 상징성 등을 쉽게 포기할 수 없기에, 군주 체제 자체는 유지하되 군주와 민의가 공존할 수 있도록 하기 위한 수단으로서 국민 기본권을 보장하는 헌법을 도입한 것이다. 이러한 국가들은 형식적으로는 왕국의 체제를 유지하고 있지만, 실질적인 주권은 국민에게 귀속되어 있다는 점에서 전통적 군주국과 구별된다.

반대로 여전히 군주의 절대 권력으로 인한 통치 지배 체제를 유지하는 "전제 군주국" 또한 존재하고 있다.

한편 중국, 북한, 이란과 같은 국가들은 헌법상 "공화국"임을 명시하고 있음에도 불구하고, 국민들이 실질적인 주권을 행사하기 어려운 구조를 가지고 있다. 공화국은 원칙적으로 국민들이 주권을 나눠 가지는 국가를 의미하지만, 이들 국가는 명칭과 실제 통치 구조 간에 괴리를 보인다.

이러한 모순이 나타나는 이유는, 해당 국가들이 형식적인 국체로서의 공화국을 채택하고 있을 뿐, 실제로는 그와 상반된 실질적 정치 구조, 즉 정체(政體)를 가지고 있기 때문이다. 다시 말해 국체는 실제 주권 행사의 방식과 반드시 일치하는 개념이 아니며, 경우에 따라 상징성을 나타내기 위한 표면적인 국가의 형태를 나타내는 개념으로 기능하기도 한다.

따라서 국가의 실질적인 통치 구조와 주권 행사의 주체를 정확히 파악하기 위해서는, 형식적인 국가 형태를 의미하는 국체를 넘어서 실질적 권력 행사 구조를 나타내는 정체라는 개념을 함께 이해해야 한다.

정체(政體)와 실질적 통치 구조

정체(政體)란, 국가의 실질적 통치 구조, 즉 권력이 어떤 방식으로 조직되고 행사되는지를 나타내는 개념이다. 정체는 국체와는 달리 국가의 명칭이나 형식에 얽매이지 않고, 실제로 누가 권력을 행사하며 통치 결정을 내리는지에 초점을 둔다.

다시 말해 국가 내의 실제 통치 메커니즘을 규명하는 개념으로서, 주권자의 실질적인 주권 행사와 직결된다는 점에서 중요한 의미를 지닌다. 정체는 크게 민주정과 독재정으로 구분된다.

민주정은 우리가 흔히 알고 있는 "민주주의"를 뜻한다. 사실, 민주주의는 우리나라에서는 잘못 번역되어 사용되고 있다. 일반적으로 "-주의"라는 단어는 "-ism"이라는 접미어를 포함하며, 하나의 이념을 가리키는 경우가 많다.

그러나 민주주의의 어원인 "democracy"를 살펴보면, 하나의 이념(-ism)이 아닌 지배 방식이나 통치 구조(-cracy)와 같은 정체로서의 역할을 한다는 점을 알 수 있다. 따라서 민주주의는 하나의 사상이라기보다 정체로 이해하는 것이 보다 정확하며, 민주정 또는 민주 정체 정도로 해석하는 것이 올바르다는 입장이다.

민주정의 특징은 우리가 알고 있는 민주주의의 성격과 크게 다르지 않다. 민주정은 국민이 선거와 투표 등을 통해 권력 형성 과정에 참여하며, 통치자는 일정한 임기와 권한의 범위 내에서만 권력을 행사할 수 있고, 입법·행정·사법의 삼권이 독립적으로 기능하는 체제이다. 권력의 주체가 국민이며, 권력의 분립과 법치주의, 국민 자율권 보장, 정당 간의 견제 시스템 등 다양한 장치를 통해 권력의 남용을 방지한다.

대부분의 서구 국가들은 이러한 민주정에 해당하며, 국체로는 공화국이나 입헌군주국 형식을 취하는 경우가 많다. 앞서 예시로 언급한 영국, 일본 역시 국체는 입헌군주국이지만, 정체의 측면에서는 민주정 국가에 해당된다.

이와 함께 대통령제[1], 의원내각제[2], 이원집정부제[3], 단일제[4], 연

---

1   국민이 직접 선출한 대통령이 행정부 수반이 되어 정부를 운영하는 체제. 행정부와 입법부(국회)가 분리되어 상호 견제와 균형을 이루는 것이 특징.

2   의회 다수당의 대표(수상 또는 총리)가 행정부를 이끌며, 의회와 행정부가 밀접하게 연결된 체제. 의회가 내각에 대한 신임 여부를 결정할 수 있음.

3   대통령과 수상이 각각 외교·안보와 내정·행정을 나누어 분담하는 정부 형태. 대통령제와 내각제의 혼합형으로, 프랑스가 대표적 사례.

4   중앙정부가 국가의 모든 통치권을 가지며, 지방정부는 중앙정부의 지시를 따르는 형태. 우리나라가 대표적인 단일제 국가.

방제[5] 등과 같이 민주정 실현을 위해 동원되는 여러 행정 및 정치 시스템이 존재한다는 점도 민주정의 특징이라 할 수 있다.

한편 독재정은 한 개인 혹은 소수가 권력을 독점하는 전제정(專制政)과, 엘리트 집단에 의해 통치가 이뤄지는 과두정(寡頭政)으로 나뉜다.

전제정은 국가의 모든 권력이 단 한 사람에게 집중되어 있는 체제를 말한다. 전제군주가 그 대표적 형태로, 왕 혹은 황제가 군림하며 입법, 사법, 행정, 군사 등 국가 권력 전반을 장악한다. 이러한 권력은 신성불가침의 영역으로 간주되며, 권력의 정당성은 신의 뜻이나 혈통과 같은 초월적 근거에 기반하기도 한다.

전제정 체제에서는 국민의 정치 참여가 원천적으로 차단되며, 권력자는 그 어떤 법적 제약도 받지 않는다. 프랑스의 루이 14세, 러시아의 표트르 대제, 북한의 김씨 일가가 대표적인 전제정의 대표적인 사례이다. 사우디아라비아 역시 왕이 절대적인 권력을 행사한다는 점에서 전제정 국가로 분류된다.

그와 달리, 과두정은 권력이 한 개인이 아니라, 특정한 소수 집단이나 계층, 당 또는 가족과 같은 특정 엘리트 집단에 독점되어 있는

5　국가 내부에 여러 자치정부(주 또는 도)가 존재하며, 이들 자치정부가 독립적인 권한을 가지고 중앙정부와 권력을 분산하는 체제. 미국, 독일, 스위스 등이 대표적.

체제이다. 이 소수 지배 집단은 귀족, 군부, 정당 등 다양한 형태로 나타날 수 있으며, 이들이 국가 권력 전반을 장악하고 통제한다. 과두정에서는 다수가 정치에서 배제되며, 권력은 소수의 이해관계를 중심으로 움직인다. 중국의 공산당 일당 체제와 러시아의 실로비키가 대표적인 예시이다.

이처럼 전제정과 과두정은 통치 방식에 있어 차이를 보이기도 하지만, 입헌주의가 실질적으로 작동하지 않으며 권력이 법 위에 존재한다는 점에서는 공통된 특성을 지닌다.

종합해 보면, 국가마다 서로 다른 정체를 채택하여 통치가 이뤄지고 있으며, 이는 각 국가가 지향하는 이데올로기를 실현하기 위한 수단으로서 선택된 결과라 할 수 있다.

즉, 정체라는 것은 특정 이데올로기를 실현하기 위한 통치 체제로서의 정치 수단이다. 따라서 국가의 본질과 정체의 작동 원리를 이해하기 위해선 그 바탕이 되는 이데올로기 개념에 대한 이해가 선행되어야 한다.

6부

이데올로기(Ideology)

이데올로기(ideology)란 관념(idea)과 논리(logic)의 합성어로, 다양한 사회적·시사적 관점에서 형성된 사실 인식을 바탕으로 한 논리적이고 이상적인 관념 체계라고 정의 내릴 수 있다.

조금 더 넓은 의미로는 인간 사회 전반에 대해 누구나 일관적으로 지닐 수 있는 인지적이고 규범적인 신념 체계로 이해될 수 있다. 이는 정치, 경제, 사회, 철학, 종교 등 다양한 세계관 속에서 각기 다른 방식으로 해석되어 왔다. 본 저서에서는 이 가운데 정치적 이데올로기를 핵심적으로 다루려 한다.

정치학에서 이데올로기란, 국가를 통치하고 특정 정체 실현을 위해 채택되는 이념의 단위이자 사상을 구체화한 체계이다. 흔히 '-주의', '-즘'으로 불리는 다양한 이념들이 이에 해당하며, 앞서 살펴본 보수주의와 진보주의 또한 정치적 이데올로기에 포함된다. 이러한 이데올로기는 한 국가의 정책적 방향성이나 행정 및 정치 시스템 전반에 큰 영향을 미친다.

이데올로기는 국가의 정체 실현과 밀접하게 연관되어 있다는 점에서, 앞서 설명한 정체 개념인 민주정과 독재정에 상응하는 이데올로기들을 중심으로 정치사상사의 흐름 속에서 형성된 대표적인 이데올로기를 중점적으로 살펴보고자 한다.

민주주의(Democracy)

　이데올로기는 크게 정치체제와 경제체제로 나뉘는데, 먼저 정치체제에 해당하는 민주주의에 대해 알아보자.

　민주주의는 "Democracy"라는 단어에서 번역된 개념으로, 그 어원은 그리스어로 민중을 뜻하는 "demos"와, 지배를 의미하는 "kratia"의 합성어인 "Demokratia"에서 유래하였다. 이는 귀족에 의한 지배를 뜻하는 아리스토크라시(Aristocracy)와 대비되는 개념으로 등장하였다. 풀이하자면 "민중에 의한 정치" 정도로 이해할 수 있다.

　앞서 살펴본 바와 같이 "cracy"라는 접미어는 특정 이념이라기보다 정체를 가리키는데, 국내에서는 정치 이념의 범주로 사용되어 왔다. 한국에 정치사상, 헌정 이론 등이 본격적으로 유입된 시기는 일제강점기 후반 또는 해방 직후였으며, 일본을 거쳐 번역어들이 도입되는 경우가 많았다. 일본은 19세기 메이지 유신 이후 서구 정치사상을 번역하면서 대부분의 개념에 "-주의"라는 접미어를 붙이는 방식을 채택하였고, 우리나라 또한 그대로 도입하였다.

　이러한 역사적 배경을 거치며 현재는 민주주의가 하나의 이념의 범주에 포함되어 있는 것처럼 보이지만, 민주주의의 본질적 개념은 이념이 아닌 하나의 정체를 가리킨다는 사실과, 엄밀한 의미에서 민주주의는 '민주정'으로 이해될 수 있다는 사실을 반드시 인지할 필요가 있다.

우리가 일반적으로 떠올리는 민주주의의 특징에는 국민 투표를 통한 통치자 선출, 권력 분립, 법치주의 실현, 사유재산 인정, 시장 경제 체제, 국민 기본권 보장, 활동의 자유, 정치적 자유 보장 등이 있다.

우리나라 또한 이러한 성격을 지닌 민주정을 채택하였고, 이는 역사적으로 미국식 자유 민주주의의 영향을 강하게 받은 체제라 할 수 있다. 즉, 우리가 흔히 말하는 대한민국의 민주주의라는 것은 미국식 민주주의이며, 이는 시장경제를 포함한 자유주의적 성질과 민주주의가 결합된 "자유 민주주의"를 의미한다.

반면, 민주정 국가가 아닌 독재정 국가에서도 민주주의라는 용어를 사용하는 사례가 존재한다. 북한과 같은 경우에는 정식 국명이 "조선 민주주의 인민 공화국"이며, 헌법상 민주주의를 내세운다. 중국 또한 "중화 인민 공화국"이라는 국호를 사용하고 있고, 헌법상 인민주권을 보장하기 위해 민주집중제 통치를 강조한다. 이들 국가는 헌법상 민주주의나 인민주권을 강조하지만, 실제 정치 구조는 민주정과는 거리가 있다.

여기서 주목해야 할 점은 '인민'이라는 용어의 사용이다. 인민은 주권을 가진 개별 시민을 의미하기보다는, 사회를 조직하는 인간들의 무리, 즉 계급적 공동체를 뜻한다. 이는 주권을 가진 시민 개개인을 전제로 하는 민주정의 개념과는 다른 정치적 함의를 지닌다. 이러한 맥락에서 북한이나 중국이 내세우는 민주주의는 일반적으로 인민 민주주의로 분류된다.

'민주주의'라는 용어는 결합되는 이데올로기에 따라 그 성격이 크게 달라질 수 있으며, 이 점에서 민주주의라는 개념 자체에는 오해의 소지가 존재한다. 이와 같은 혼동을 피하기 위해서는 자유 민주주의에 대한 명확한 이해가 필요하다.

자유 민주주의는 앞서 서술한 바와 같이 민주정이라는 정치 형태와 자유주의라는 정치사상을 결합한 개념으로 정의될 수 있다. 어원적으로 자유주의는 라틴어 'liber'에서 비롯되며, 이는 자유로운 상태를 뜻한다.

자유주의는 개인의 자율성과 권리를 최우선 가치로 두는 사상으로, 국가는 개인의 자유를 침해하지 않는 선에서 최소한의 역할만 수행해야 한다는 것을 기본 전제로 한다. 이러한 자유주의가 민주주의와 결합하며 형성된 것이 자유 민주주의이다. 이는 단지 정치적 절차로서의 민주정을 의미하는 것이 아니라, 자유 시장경제를 기반으로 하여 개인의 선택권과 재산권을 최대한 보장하는 정체를 의미한다.

　자유 민주주의는 정치적 자유뿐만 아니라 경제적 자유를 핵심 요소로 포함하고 있으며, 자유로운 시장에서 경쟁과 교환을 통해 각 개인이 자율적으로 경제 활동을 영위할 수 있도록 하는 체제를 지향한다. 즉, 자유 민주주의는 자본주의 시장경제 체제를 필수 불가결한 요소로 전제하며, 경제 영역에 대한 사적 재산권과 계약의 자유를 보장하는 가운데 정치적으로는 국민의 주권을 바탕으로 한 대의제 민주정을 운영한다.

　이와 더불어 자유 민주주의의 핵심은 기본 자유권의 실질적 보장에 있다. 시민 개개인은 법 앞에 평등하며, 시민권을 바탕으로 국가로부터 보호받고 동시에 정치 공동체의 일원으로서 권리와 의무를 가진다. 표현의 자유, 출판의 자유, 집회의 자유, 결사의 자유, 종교의 자유, 양심과 사상의 자유 등은 자유 민주주의를 성립시키는 필수 요소이며, 이는 단지 헌법상의 명문화에 그치는 것이 아니라 실제 제도와 관행을 통해 구체적으로 보장되어야 한다.

　정치적 자유 역시 단순한 선거권과 피선거권을 넘어, 다양한 정치적 의견을 개진하고 정치 참여를 통해 정부를 견제하고 권력의 남용을 방지하는 역할을 한다. 또 시민의 자유는 자의적 체포나 구금, 감시로부터의 보호를 포함한 개인의 안전을 담보하는 제도적 기반으로 기능한다.

　자유 민주주의가 전제하는 또 하나의 중요한 원칙은 권력의 분산이다. 한 사람 또는 하나의 집단이 국가의 모든 기능을 독점할 수 없다는 인식 아래 입법, 사법, 행정 권력이 분리되어 상호 견제하도록 설계된다.

이처럼 자유 민주주의는 단순한 민주정의 한 형태가 아니라, 자유 시장경제라는 경제 구조와 더불어 시민의 기본적 자유와 권리를 보호하는 헌정 질서를 전제로 한 통치 체제이다. 더불어 철저한 권력 분산과 이러한 제도적 장치들을 통해 개인의 자유와 권리를 최대한 보장하는 가운데 정치적 참여와 절차적 정당성을 통해 권력을 정당화하는 구조를 갖추고 있다.

자유 민주주의를 채택한 대표적인 국가로는 미국, 영국, 독일, 프랑스, 일본, 대한민국, 캐나다, 호주 등이 있다. 이들 국가는 공통적으로 경제적으로는 자유주의에 기반한 시장경제를 중심에 두고, 정치적으로는 대의제를 통한 민주정 체제를 유지하고 있다는 점에서 자유 민주주의의 정체를 가장 뚜렷하게 보여 주는 사례들이다.

반면 인민 민주주의는 공산주의적 사유에서 유래한 개념으로, 마르크스주의 혁명 이론을 바탕으로 성립된 공산당 중심의 연합 독재 체제로 볼 수 있다.

인민 민주주의의 어원적 구조는 "인민(demos)"과 "지배(kratia)"의 결합이라는 점에서 자유 민주주의와 동일한 형태를 띤다. 그러나 앞서 살펴보았듯 인민이란 개념은 주권을 지닌 개별 국민을 뜻하기보다 집단적 노동 대중이나 계급적 인민 집단을 의미하며, 이로 인해 자유롭고 독립적인 개개인의 권리보다 계급적 공동체의 이익이 우선시된다.

"democracy(민주주의)"의 기원 "demos"라는 단어는 인민을 지칭하는 뜻이기에, 용어 해석 측면에서 "민주주의"라는 단어는 인민 민주주의로도 충분히 해석될 수 있다. 그러나 자유 민주주의와는 달리, 인민 민주주의는 사회주의 혁명 이후 과도기적 체제로서 제시되며, 일당 중심의 정치 구조를 채택하고, 민주적 절차와 형식을 유지하되 실질적 의사결정은 당이 주도하는 구조를 지닌다.

역사적으로 2차 세계대전 이후 동유럽 사회주의 국가들(폴란드, 체코슬로바키아, 헝가리, 루마니아 등)은 스스로를 '인민 민주주의 국가(People's Democracies)'로 규정하며, 소련식 사회주의 체제를 단계적으로 도입하였다. 오늘날에도 북한, 중국, 베트남, 쿠바 등이 이 체제의 잔존적 형태를 보이고 있다. 헌법과 제도상 인민의 권리를 명시하더라도, 실제로는 정치 경쟁이 부재하고 표현의 자유가 제한된 일당 중심 체제를 유지하고 있다.

결국 인민 민주주의는 민주주의의 외형을 갖추었으나, 본질적으로는 당의 지도적 역할을 절대화하고 개인의 자유와 정치적 다양성을 제약하는 구조를 지니기에, 민주주의라기보다 계급 독재 혹은 일당 독재에 가까운 체제라는 비판을 받는다. 즉, 인민 민주주의는

근본적으로 자유 민주주의의 핵심 가치와는 거리가 멀며, 전체주의
와 공산주의가 결합한 정치 형태와 상응하는 모습을 보인다.

한편 사회 민주주의는 자유 민주주의 및 인민 민주주의와 구분되
는 또 다른 형태의 민주주의로, 사회주의 사상을 기반으로 하되 민
주적 절차와 제도를 통해 경제 체제 중 하나인 사회주의 실현에 바
탕을 둔 정치 이념이다. 즉, 사회주의라는 이념 체계와 민주정이라
는 정치 체제가 혼합된 형태이다.

사회주의란 사적 소유보다 공공의 소유와 통제를 중시하며, 경제
적 평등과 계급 간 격차 해소를 목표로 하는 사상이다. 사회 민주주
의는 이러한 사회주의의 목표를 폭력적 혁명이 아닌 의회주의와 민
주적 절차를 통해 점진적으로 이루고자 한다. 어원적으로는 "social"
이라는 말에서 비롯되며, 이는 공동체 또는 연대라는 의미를 내포
한다.

사회 민주주의는 개인의 자유와 권리를 인정하면서도, 시장 자본
주의가 낳는 불평등을 해결하기 위해 복지 국가와 재분배 정책, 공
공 서비스 확대 등을 적극 추진한다. 이 체제에서 국가는 경제에 일
정 부분 개입하여 빈곤을 줄이고 기회의 균등 보장을 실현하고자
한다. 유럽의 복지 국가들이 사회 민주주의의 전형적인 예에 해당
하며, 특히 북유럽 국가들이 이 체제를 적극적으로 도입하였다.

사회 민주주의는 자유 민주주의처럼 개인의 권리를 존중하면서

도, 사회주의 실현이라는 분명한 지향점을 내포하고 있다. 따라서 자본주의의 완전한 수용보다는 사회적 통제를 전제로 한 절충적 모델로 이해해야 한다.

일당 체제나 계급 독재를 전제로 하지 않으며, 다원주의와 선거 경쟁이 보장된 민주정 형태의 정치 체제 위에서 작동한다는 점에서 사회 민주주의는 인민 민주주의와 분명한 차이를 보인다. 또한 사회 민주주의는 공산주의적 계획경제나 전체주의적 통제를 지향하지 않고, 시장의 효율성과 사회적 형평성을 조화시키려는 사회경제 체제로 이해된다.

다시 말해, 사회 민주주의는 인민 민주주의에 대비해 민주정의 절차적 정당성과 시민의 자유를 어느 정도 보장하면서, 사회주의 이념 기반의 경제 체제 요소가 많이 포함된 보다 온건한 정치·경제 모델이라 할 수 있다.

이처럼 민주주의에도 다양한 형태가 존재하며, 우리가 일반적으로 인식하고 있는 민주주의는 자유 민주주의임을 알아보았다.

앞서 언급한 민주주의는 경제 체제적 이념 실현을 위한 다양한 형태의 민주주의를 구분 지어 설명한 것이며, 마지막으로 설명할 내용은 민주정을 실현하기 위해 취하고 있는 민주정의 구체적인 형태와 작동 방식에 관한 것이다.

민주정은 크게 직접 민주주의와 간접 민주주의(대의 민주주의)로 나뉜다. 직접 민주주의란, 국민들이 직접 정치 활동에 참여하여 입법 및 행정에 관여하는 방식으로, 선출 제도가 아닌 직접 참여 제도를 의미한다. 직접 민주주의의 대표적인 예시는 스위스에서 찾아볼 수 있다.

스위스는 국민이 법률 제정이나 개정에 직접 참여할 수 있는 국민 투표 제도를 정교하게 운영하고 있으며, 일정 수 이상의 국민 청원이 있을 경우 정부나 의회의 입법 과정과는 별개로 국민이 스스로 의사를 결정할 수 있는 국민 발안 제도 또한 존재한다. 이러한 제도는 정치적 결정 과정에서 국민의 직접적 참여를 가능하게 하며, 대의기관의 판단이 아닌 국민 다수의 의사에 따라 정책이 결정된다는 점에서 직접 민주정의 전형적인 모습이라 할 수 있다.

그러나 인구가 많고 영토가 넓은 현대 국가에서는 현실적으로 모든 국민이 모든 사안에 대해 직접 결정하는 것이 어렵기 때문에, 대부분의 국가는 간접 민주주의를 채택하고 있다. 간접 민주주의는 보통 대의 민주주의로도 불린다. 이는 국민이 직접 정치에 참여하는 대신 대표자를 선출하고, 선출된 대표자가 국민의 의사를 대변하여 정치적 결정을 내리는 방식으로, 국민의 주권을 유지하면서도 국가 운영의 효율성과 지속성을 확보하기 위한 제도적 장치이다.

대의 민주주의는 의회 중심의 정치 체계를 바탕으로 하기 때문에 흔히 의회 민주주의라 불리며, 국민이 선거를 통해 입법기관인 의회의 의원을 선출하고, 이들이 행정부에 대한 통제와 입법권을 행사함으로써 국가 권력이 분산되는 구조를 갖는다.

의회 민주주의는 입헌군주제를 유지하고 있는 국가에서 주로 채택하는 민주주의 형식이다. 이는 군주가 국가의 상징적 존재로 남아 있으면서, 실제 정치권력은 국민에 의해 선출된 의회와 내각이 행사하는 체제를 의미한다. 대표적으로 영국, 일본 등이 이에 해당하며, 이들 국가는 의회민주주의와 의원내각제를 통해 민주정을 실현하고 있다.

의원내각제란 국민으로부터 선출된 의원들이 의회를 구성하고, 의회 다수당이 내각을 구성하여 행정권을 행사하는 체제로, 행정부 수반인 총리가 입법부에 종속되는 정치 구조를 갖는다. 이러한 체제에서는 의회의 신임 여부가 내각의 존속과 직결되므로, 행정부는 국민의 의사를 대변하는 의회에 대한 정치적 책임을 지게 된다.

따라서 의원내각제는 대의 민주주의의 한 형태이면서도 입헌군주제를 유지하고 있는 국가에서 민주정이 실질적으로 작동하도록 만든 정치적 장치이며, 이는 권력의 집중을 막고 국민의 의사를 간접적으로 정치에 반영할 수 있도록 고안된 제도라 할 수 있다. 다시 말해, 의원내각제 국가들은 의회민주주의를 적극적으로 채택한 경우이며, 모든 의회 민주주의 국가가 의원내각제를 채택하고 있는 것은 아니다.

이처럼 직접 민주주의와 간접 민주주의는 민주정의 실현 방식에 따른 구분이며, 현대 민주주의 국가는 대부분 간접 민주주의를 채택하고 있다. 다만 일부 국가는 직접 민주주의의 요소를 보완적으로 도입하여 민주적 정당성과 정치 참여의 폭을 확대하고 있다.

앞서 살펴본 내용이 민주주의가 상징하는 개념과 제도적 형태에 대한 것이었다면, 이제는 진정한 민주주의란 무엇인가에 대해 다뤄 보려 한다. 그렇다면 진정한 민주주의 실현이란 무엇일까? 이에 대해 필자는 민주정 체제를 굳건하게 유지하는 것이 그 해답이라고 말하고자 한다.

여기에서 다시 좌파와 우파적 관점으로 접근한다면, 양 진영은 민주정 체제를 가능케 하는 핵심 요소를 다르게 인식하고 있음을 알 수 있다. 민주주의를 바라보는 시각이 다르다는 것이다.

좌파 진영에서는 민중, 다수결, 공리주의적 관점에서 나타나는 투쟁과 저항 현상을 높게 평가하며, 이것이 민주주의의 실현의 핵심 경로로 여긴다. 반면 우파 진영에서는 시장과 정부의 철저한 분리, 시장의 자율성과 독립이야말로 민주주의를 가능케 하는 근본 요소라고 여긴다.

국내에서는 이러한 시각의 차이가 지역 정치색으로 이어지는 경우가 많다. 호남 지역에서는 주로 좌파 정치인들에 대한 득표율이 높게 나타나고, 영남 지역에서는 우파 정치인들의 득표율이 높게 나타나는 극단적인 현상이 보인다.

과거에 호남 지역에서는 혁명과 투쟁을 중심으로 한 사회운동이 빈번하게 전개되었고, 이러한 역사적 경험이 지역 전반에 걸쳐 정치적 특색으로 자리 잡았다. 반면 영남 지역에서는 대한민국 제도 안정기 시절 시장 창출과 경제 활성화를 주도했던 대통령들을 많이 배출하였고, 그 성과에 대한 긍정적 평가가 누적되면서 우파적 기질이 강하게 형성되었다.

이러한 현상은 필자가 지향하는 사회적 현상은 아니지만, 이미 형성된 역사적 맥락에 의해 현재까지도 특정 지역에 정치색이 고착화되는 현실로 이어지고 있다. 필자는 지역 분위기와는 무관하게, 개개인의 가치 판단에 기초한 정치 참여가 보다 활발해지기를 바라는 마음이다. 궁극적으로는 개인의 자율적인 가치 판단에 따른 민주적 정치 참여 현상이 확산된다면, 이것이야말로 진정한 민주주의를 향한 길이 될 것이다.

전체주의(Totalitarianism)

전체주의란, 민주주의에 반대되는 개념으로 자리 잡고 있다. 흔히 민주주의의 반대 개념을 "공산주의"라고 잘못 인식하는 경우가 많은데, 공산주의는 정치 체제가 아닌 경제 체제로 분류되기 때문에, 민주주의의 직접적인 반대 개념이 될 수가 없다. 따라서 같은 정치 체제로서 기능하는 개념은 전체주의이며, 이러한 점에서 전체주의는 민주주의와 상반된 위치에 놓인다.

전체주의란, 국가의 소수 엘리트 집단 또는 개인이 국가 전체를 통치하며 공동체와 국가 이념을 중시한다는 명분 아래 개인의 자유를 억압하는 극단적 정치 이데올로기이다. 이 체제에서는 사회 구성원 개개인의 개별성보다는 구성원 전체의 공동체 의식이 강조된다. 과두정과 전제정과 같은 독재정 정체 역시 전체주의 이념이 실현되는 정치적 토대로 기능할 수 있다.

전체주의는 정치, 경제, 사회, 문화 등 사회 전 영역에 걸쳐 국가가 전면적으로 개입하고 통제하는 체제를 의미하며, 개인은 철저히 국가에 종속되는 존재로 간주된다. 이러한 전체주의 체제에서는 국가의 이념과 목적이 절대적인 기준으로 설정되며, 국민은 오로지 국가 목적을 달성하기 위한 수단으로 기능하게 된다.

전체주의는 군중을 동원하고, 사상의 일치를 강요하며, 언론과 표현의 자유를 철저히 통제하고, 교육과 문화 전반을 통해 국가 이데올로기를 주입하는 특징을 가진다. 또한 정치적 권력은 소수의 엘리트 또는 단일 지도자에게 집중되며, 이들의 결정이 법과 제도를 초월하여 절대적 지위를 갖는다. 이로 인해 권력에 대한 견제 장치는 사실상 무력화되고, 시민은 국가 권력에 대항할 수 있는 실질적인 정치적 수단을 상실하게 된다.

전체주의는 외형적으로는 법과 제도를 유지하고 있는 것처럼 보이나, 실질적으로는 그 모든 법적 구조마저 권력의 도구로 전락한 상태에 놓인다. 국민의 권리와 자유는 국가의 필요에 따라 언제든지 제한되고 박탈될 수 있다.

권력의 분산 역시 존재하는 것처럼 보일 수 있으나, 이는 형식적인 장치에 불과하다. 실제로는 철저한 일당 독재 또는 개인에 의한 정치권력 행사가 이뤄지며, 법치주의 또한 표면적으로만 유지된다. 권력이 법 위에 존재하기 때문에 사법부의 판단 역시 절대 권력의 의도에 종속되는 구조를 띤다.

대표적인 전체주의 체제로는 20세기 초중반에 등장했던 나치 독일, 파시스트 이탈리아, 그리고 스탈린 시기의 소비에트 연방 을 들 수 있으며, 오늘날에는 중국 공산당 체제와 북한의 김씨 일가 체제 등이 그 예로 거론된다. 이들 체제는 모두 강력한 지도자 중심의 권력 구조를 가지고 있었으며, 특정 이념이나 민족주의, 계급투쟁 등의 명분을 앞세워 국민 개개인의 자유와 사적 영역을 철저히 통제하였다.

전체주의는 민주주의와는 정반대의 위치에 놓인다. 민주주의가 국민의 자유, 평등, 자율성을 존중하고 권력의 분립과 법의 지배를 중시하는 체제라면, 전체주의는 그 반대로 자유의 억압, 권력의 집중, 사상의 획일화를 통해 국가 중심의 질서를 구축하는 체제라 할 수 있다.

이러한 이유로 전체주의는 민주주의와 공존할 수 없는 상반된 정치 이념이며, 자유 민주주의 사회에서는 전체주의로의 회귀를 막기 위한 견제 장치와 시민의 정치적 각성이 필수적으로 요구된다.

자본주의(Capitalism)

자본주의는 공산주의와 대립되는 대표적인 경제 이데올로기로 분류된다. 자본주의는 철저한 시장경제 체제하에 자리 잡고 있는 경제 체제이다.

개인의 노고와 투자에 대한 재화의 보상을 인정하며, 이 또한 차등적으로 적용될 수 있음을 강조한다. 자본주의란 재화와 서비스의 생산 및 분배가 시장의 자유로운 거래를 통해 이루어지는 경제 체제를 의미하며, 이는 개인의 사유 재산권을 보장하고, 경제적 선택의 자유와 경쟁을 중시하는 이데올로기적 기반을 가지고 있다.

어원적으로는 라틴어의 'capitalis'에서 비롯되었으며, 이는 '머리의' 혹은 '중요한'이라는 뜻을 담고 있다. 이후 중세 프랑스어 'capitale'를 거쳐 근대 영어 'capital'로 정착되었다. 여기서 자본(capital)은 생산 수단으로서의 자산을 의미하며, 자본주의란 이러한 자산의 축적과 이용이 경제 활동의 중심이 되는 체제라 할 수 있다. 이에 따라 소유주의 생산 시스템 역시 인정된다.

자본주의는 16세기 유럽의 중상주의와 상업 혁명을 거쳐 점진적으로 발전하였으며, 18세기 산업혁명을 계기로 본격적인 시장경제 체제로서 확립되었다. 애덤 스미스의 '보이지 않는 손' 이론은 자본주의 사상의 대표적인 이론적 기반으로, 개인이 이익을 추구하는 행위가 결국 사회 전체의 부를 증대시킨다는 관점을 제시하였다.

이러한 자본주의는 자유로운 경쟁, 이윤 추구, 가격의 자율적 결정, 생산 수단의 사적 소유를 핵심 요소로 하며, 개인이 능력과 자본에 따라 생산과 소비 활동에 참여하고, 그 결과에 따라 차등적으로 보상받는 구조를 갖는다. 노동은 단순한 생계 수단을 넘어 자산 축적의 한 방식으로 간주되며, 개인의 노력과 투자의 정도에 따라 재산의 형성과 삶의 질이 달라질 수 있음을 전제로 한다.

자본주의 체제에서는 정부의 경제 개입이 최소화되며, 시장의 수요와 공급, 가격 메커니즘을 통해 경제가 자율적으로 조정된다는 전제가 작동한다. 이러한 특성으로 인해 자본주의는 높은 경제적 유연성과 효율성을 확보할 수 있는 구조를 갖추고 있으며, 오늘날 전 세계 대부분의 국가가 이러한 시장경제 시스템을 기반으로 경제를 운영하고 있다.

특히 20세기 이후 세계화가 가속화됨에 따라 자본주의는 국가 간 무역, 투자, 금융 시스템의 핵심 원리로 자리 잡게 되었다. 이는 단일 국가 차원을 넘어 국제 질서를 형성하는 데 중요한 역할을 해 왔다.

자본주의는 개인의 경제적 자유를 존중하고, 생산의 주체를 민간이 담당한다는 점에서 국가가 단일한 계획을 통해 경제 활동을 통제하는 공산주의와 근본적으로 대립한다. 공산주의가 중앙집중적 의사결정 구조를 특징으로 한다면, 자본주의는 분산된 의사결정과 자율적인 경쟁을 통해 부가 창출되는 구조를 지닌다.

이처럼 자본주의는 시장경제를 기반으로 한 보편적 경제 체제로서 전 세계적으로 통용되고 있으며, 현대 사회에서 개인의 자유와 창의성, 경제적 동기 부여를 실현하는 데 있어 중심적 역할을 하고 있다는 점에서 핵심적인 이데올로기적 기반이라 할 수 있다.

공산주의 (Communism)

공산주의는 생산 수단의 공동 소유를 전제로 하며, 계급 없는 평등 사회의 실현을 궁극적 목표로 삼는 경제 이데올로기이자 정치적 사상이다. 공유재산주의의 축약된 단어로서, 사유재산 제도를 부정하고, 개인보다는 공공의 이익과 부의 재분배, 사회적 평등을 강조한다.

어원적으로는 라틴어 'communis', 즉 '공동의', '보편적인'이라는 의미에서 비롯되었으며, 이는 개인의 사유재산을 인정하지 않고 모든 재화와 생산 수단을 집단적으로 소유하고 관리하려는 개념적 지향을 내포한다. 일반적으로 민주주의의 반대 개념으로 오인되는 경우가 있지만, 공산주의는 사실상 자본주의와 반대되는 개념이다.

공산주의는 19세기 중엽 마르크스와 엥겔스가 공동 저술한 『공산당 선언』을 통해 이론적으로 정립되었으며, 당시 산업자본주의 사회의 불평등과 노동 착취 구조에 대한 비판에서 비롯되었다. 이들은 자본가 계급과 노동자 계급 간의 계급 투쟁이 역사의 본질이라고 보았으며, 노동자 계급이 혁명을 통해 자본주의 체제를 전복하고 생산 수단을 공동으로 소유하는 사회주의 단계를 거쳐 최종적으로는 국가와 계급이 사라진 공산주의 사회로 이행할 것이라 주장하였다.

공산주의 체제하에서는 생산권의 사유화가 철저히 부정되며, 경제는 시장의 수요나 가격에 의존하지 않고 중앙정부의 계획에 의해 운영된다. 생산과 분배는 "각자의 능력에 따라 일하고, 각자의 필요에 따라 분배받는다"는 원칙에 입각하며, 이윤이나 경쟁은 불필요한 것으로 간주된다.

이러한 체제에서는 이익 동기보다는 평등과 집단의 이익이 우선되며, 이를 실현하기 위해 국가가 경제의 모든 부문을 통제하는 계획경제가 시행된다. 수요와 공급에 대한 금액 책정 또한 시장경제 원리에 맡기는 것이 아닌, 정부가 크게 관여하여 생산량, 공급 물가 등의 방향성을 주도한다.

물품을 생산하는 주체가 개인이 될 수 없으므로, 대부분의 사업을 국가가 주도하는 공공사업으로 진행한다. 공산 국가의 구성원들은 원활한 시장 활동을 할 수 없기에, 국가에서 제공하는 식량이나 생필품 등을 배급받는 배급제 사회가 크게 자리 잡고 있다.

대표적인 공산주의 국가로는 역사적으로 소비에트 연방과 마오쩌둥 시기의 중국, 그리고 현재의 북한 등을 들 수 있다. 이들 국가는 모두 사유재산 철폐, 일당 독재, 중앙 계획경제, 사상의 일원화라는 공통된 특징을 갖는다.

공산주의 체제는 이론적으로는 평등한 이상 사회를 지향하였으나, 현실에서는 여러 가지 한계를 드러냈다.

우선, 생산 수단의 공동 소유와 중앙 계획에 의한 경제 운영은 개인의 경제적 동기와 창의성을 억제하였으며, 결과적으로는 생산성 저하와 비효율을 초래하였다. 마찬가지로, 개인의 자유로운 시장 활동이 보장되지 못한 탓에 암시장이 발달하였고, 이는 결과적으로 더 큰 경제적 부작용을 초래했다.

또한 권력의 집중은 필연적으로 정치적 독재로 이어졌고, 이는 국민의 자유와 기본권을 침해하는 결과를 낳았다. 공산주의 체제하에서는 정치적 반대 의견이나 개인의 자율적 활동이 철저히 억압되었으며, 당과 국가의 이념에 반하는 모든 사상은 탄압의 대상이 되었다.

이로 인해 공산주의 국가는 본래의 이상과는 달리, 결과적으로 전체주의 체제와 결합되며 극단적인 통제 사회로 변모하였다. 국가가 시장과 배급의 전 영역을 주도하여 책임지다 보니, 사회 구성원 전체를 하나의 공동체로 간주하고 통치하는 전체주의 체제를 채택할 수밖에 없는 구조적 한계가 드러난다.

그 결과 국민들은 자유를 보장받지 못하고, 철저한 통제와 단일한 이념 질서 속에서 사회 구성원으로서의 역할을 수행해야 하는 제약에 놓이게 된다. 특히 소비에트 연방의 붕괴와 중국의 시장 개방은 공산주의 계획경제가 지닌 이러한 구조적 한계를 보여 주는 대표적인 사례라 할 수 있다.

이처럼 공산주의는 자본주의의 불평등과 착취 구조에 대한 대안으로 등장하였으나, 실제로는 개인의 자유와 효율성을 제한하고, 권력 집중과 경제 침체를 초래하며 이상과 현실 사이의 괴리를 극명하게 드러낸 체제로 평가된다.

사회주의(Socialism)

사회주의 또한 하나의 경제 체제이자 정치사상으로, 공산주의와 추구하는 방향과 경제 체제로서의 역할은 매우 유사하다.

사회주의는 생산 수단의 사적 소유를 제한하고 공공의 이익과 사회적 평등을 우선시하는 체제로서, 자본주의 체제에서 발생하는 빈부 격차, 계급 불평등, 사회적 소외 문제에 대한 대안으로 등장하였다. 어원은 라틴어 'socius', 즉 '동료', '동반자'라는 뜻에서 유래하였으며, 이는 개인보다 집단의 공동 이익을 우선시하고 사회적 연대를 중시하는 사상을 반영한다.

사회주의는 자본주의의 개인주의와 무제한적 경쟁 원리에 비판적으로 대응하며, 생산 수단의 공동 소유 또는 공공 소유를 통해 자원의 분배와 생산을 국가나 사회 전체가 조정하려는 체제를 지향한다. 이는 곧 경제 활동의 공공적 조정과 계획을 의미하며, 사유재산에 대한 권리보다 사회적 평등과 복지의 실현을 우선시하는 구조로 이어진다.

이러한 점에서 사회주의는 공산주의와 매우 유사한 방향성을 가지고 있으며, 실제로 두 이데올로기는 종종 동일한 개념으로 혼용되기도 한다. 사회주의 역시 자본주의 체제의 구조적 불평등을 극복하고, 평등한 분배와 노동자의 권리를 지향한다는 점에서 공산주의와 같은 이념적 뿌리를 공유한다. 역사적으로도 동일한 철학자, 동일한 사회 구조 분석에서 시작되었다는 점에서 개념적 구분이 모호하게 인식되는 경우가 존재한다.

특히, 19세기 중엽 마르크스와 엥겔스에 의해 정립된 이론적 체계 속에서 사회주의와 공산주의는 동일한 혁명적 철학의 두 단계로 구분되었다. 마르크스는 사회주의를 공산주의로 이행하기 위한 과도기적 단계로 보았으며, 이후 레닌은 러시아 혁명의 현실 조건에 맞게 재해석하여 마르크스-레닌주의를 형성하였다. 이 사상은 당의 전위성과 중앙집중적 권력 구조를 강조하며 소비에트 연방을 공산주의 국가로 이끄는 사상적 기초가 되었다.

이후 공산주의라는 용어는 레닌주의와 결합되며 강력한 중앙 통제와 엄격한 전체주의와 직결되는 개념으로 인식되기 시작한 반면, 사회주의라는 용어는 보다 온건하고 개혁적인 경로를 추구하는 정치·경제 이념을 지칭하는 개념으로 구분되어 사용되기 시작하였다. 현대에서 이르러 사회주의는 다양한 정치 체제와 결합이 가능한 이념으로 평가받는다.

또한 마르크스주의 이론에 비춰 보았을 때, 사회주의는 공산주의로 발전하기 이전의 단계이며, 공산주의 또한 사회주의라는 기반에서 파생된 최종 단계의 이념으로 해석된다. 공산주의가 생산 수단의 전면적인 공유와 사유재산 철폐를 통한 무계급 사회의 실현을 궁극적 목표로 삼으며, 이를 위해 일당 체제와 중앙 집권적 계획경제를 전제로 한다면, 현대적 의미의 사회주의는 그보다 온건한 형태로 사유재산을 일정 부분 인정하며 공공의 통제를 병행하는 체제라 할 수 있다.

즉, 사회주의는 국유화와 공공 서비스 확대, 누진적 조세 정책, 보편적 복지 제도 등을 통해 자본주의 내부의 불평등을 조정하려는 방식을 취하며, 다양한 통치 체제 내에서도 실현될 수 있는 유연한 구조를 지닌다는 평가를 받는다. 실제로 북유럽 국가들처럼 민주주의 정체하에서 사회주의적 경제 운영 원리를 일부 도입하여 복지국가 모델을 실현한 사례들도 존재한다.

이는 사회주의가 반드시 극단적인 통치 체제와 결합되어야 한다는 통념과 구분되는 지점이다. 다시 말해, 사회주의는 자본주의와 공산주의 사이에서 완충 역할을 수행하는 하나의 이념적 스펙트럼으로 기능하며, 자본주의의 한계를 보완하되 공산주의처럼 극단적인 통제를 지향하지 않는 형태로 이해되기도 한다.

이처럼 사회주의는 공산주의와 유사한 사회적 목표를 지니고 있으며, 시대와 정치적 상황에 따라 때로는 동일한 개념으로 여겨지기도 하였으나, 현실적으로는 민주주의와의 양립 가능성, 점진적 개혁 지향, 그리고 제한된 시장 경제의 존중이라는 측면에서 근대 이후 독자적인 사상 체계로 자리 잡았다.

이데올로기와 정체의 관계

이로써 모든 국가는 각자가 지향하는 이데올로기를 실현하기 위한 목적 아래, 이를 구현하기 위한 수단으로 하나의 정체를 채택한다는 점을 알 수 있다. 자유 민주주의를 실현하고자 하는 국가들은 민주정을, 공산주의를 실현하고자 하는 국가들은 전체주의에 기반한 과두정 정치를 하는 것이다.

이데올로기란 고대에서 현대에 이르기까지 여러 통치자와 사상가들에 의해서 형성·정립된 이념 체계이며, 시대적 조건과 사회 구조의 변화에 따라 그 성격이 변형되거나 재해석되기도한다. 사회 민주주의와 같이 서로 다른 이념의 절충 형태로서 새로운 이념들이 파생된 것 또한 이러한 맥락에서 이해할 수 있다.

국가별로 지향하는 이데올로기가 다른 이유에는 역사적·문화적 배경, 정치 경험, 사회 구조 등 여러 가지가 존재하지만, 보통 역사적 근간을 유지하려는 성향이 강하다. 특히 과거의 대립과 갈등 경험은 각 국가가 고유한 이념적 정체성을 유지하려는 기조가 강화시켜 왔다.

고대부터 현대에 이르기까지 정치·사회적 이데올로기는 수많은 전쟁과 갈등의 원인이 되어 왔으며, 현대 사회에서도 경제, 안보, 산업과 같은 영역에 큰 영향을 미치고 있다. 이러한 사실을 비춰 보았을 때, 이데올로기란 사회 구조를 이해하는 데 있어 심오하고도 중요한 역할을 한다는 점을 반드시 인지하여야 하며, 그 본질에 대한 깊은 이해가 필요한 영역이다.

대부분의 정치적 대립과 사회적 갈등은 이데올로기에서 비롯된다. 따라서 이를 파악하고 문제 해결 단계로 발전시키기 위해선 가치 중심적 사고가 필요하다. 이데올로기 역시 가치 중심적 사고의 범주에 포함되는 개념이라 할 수 있다.

7부

근대화와 산업화

　근대화와 산업화를 이해하기 위해선 넓은 시각이 필요하다. 국내에서 발생한 근대화의 역사적 배경뿐 아니라, 근대화와 산업화가 전개되던 당시의 세계적 분위기를 반드시 함께 고려해야 한다. 비교정치사적으로 보았을 때, 민주적 방법만을 이용하여 근대화를 이뤄 낸 나라는 존재하지 않기 때문이다.

　산업 활성화, 즉 시장의 영역이 국가로부터 일부 해방되어야 민주화가 가능하다는 사실을 역사가 증명한다. 국가 형성이 어려운 이유는 어떠한 통치 체제를 채택할 것인가를 둘러싸고 무수히 많은 권력 충돌이 발생하기 때문이다. 대부분의 국가는 이러한 과정을 거치며 탄생했다.

　미국의 독립전쟁, 독일의 비스마르크 통합 전쟁, 프랑스 혁명과 나폴레옹 제정, 그리고 그 이후의 왕정복고 체제의 등장, 쿠바 내전, 러시아의 볼셰비키 혁명, 중국의 신해혁명과 국공내전, 일본의 메이지유신과 정권 교체 과정, 이탈리아의 통일 전쟁, 스페인의 내전, 그리고 인도의 독립 투쟁과 분단 과정 등, 근대화를 추진하는 과정에서 쿠데타와 내전, 전쟁을 피할 수 있었던 나라는 사실상 존재하지 않는다.

　이러한 갈등은 민족 내부의 충돌이거나 대외적 투쟁의 형태로 아시아, 아프리카, 유럽, 아메리카 전역에서 반복적으로 나타났다.

　시장의 틀만 마련된다고 해서 구성원들이 자유롭게 활동할 수 있으리라는 단순한 기대는 현실에서 성립하지 않는다. 시장이 정부와 과도하게 결탁되어 있다면, 시장 활동의 자율성을 보장받지 못하고 국가의 허락에 의존하게 된다. 그렇게 된다면, 허락받지 않은 제도권 밖

의 상인과 사업가들이 즐비하게 되고, 암시장이 발달하는 큰 부작용
이 초래된다.

　현재에도 여전히 이러한 국가들이 존재한다. 경제 활동에 대한 정당
한 보상, 투자의 자유, 소득을 기반으로 한 소비 활동 등 인간의 선택
적 자유가 충분히 보장되지 못하는 것이다. 근대화와 산업화의 본질
은 바로 이러한 자유를 제도적으로 보장하는 데에 있다.

시장 창출과 제도 전환의 역사

시장은 단순히 물건을 사고파는 공간이 아니라, 개인의 능력과 창의가 발휘될 수 있는 장이며, 그러한 장이 형성되어야 국가의 생산력이 확대되고 산업화가 가능해진다. 다시 말해, 시장 창출은 근대화의 출발점이며, 이를 둘러싼 충돌과 시련은 결코 피할 수 없는 과정이었다.

산업화는 제도적 혁신 없이 결코 가능하지 않았고, 제도 개혁은 언제나 권력 간의 투쟁을 수반했다. 세계의 대표적인 선진국들 역시 모두 이러한 과정을 거쳤다.

영국은 명예혁명과 산업혁명을 통해 봉건적 권력을 의회로 이양시키며 시장경제의 토대를 마련했고, 미국은 독립전쟁을 통해 중앙집권적 통치를 거부하며 자율적 시장을 보호하는 헌정 질서를 수립했다. 프랑스는 혁명과 제국의 성립, 그리고 왕정복고와 공화정의 반복 속에서 자유와 평등이라는 근대 시민사회의 가치를 확립했다. 독일은 프로이센 중심의 무력 통일과 이후 산업 자본의 집중을 통해 국가 주도의 근대화를 이뤘고, 일본은 메이지 유신을 통해 봉건제에서 중앙집권적 근대국가로 탈바꿈하며 서구의 근대화를 압축적으로 수용했다.

이 모든 사례들은 산업화와 근대화가 단순한 기술 발전의 결과가 아니라, 시장의 창출과 제도적 전환을 둘러싼 피와 갈등의 역사였음을 증명한다.

대한민국의 근대화 역시 예외가 아니었다. 식민지 경험, 전쟁, 분단이라는 역사적 비극 속에서도 산업화를 위한 기반을 다지기 위해 선택과 집중의 전략이 취해졌고, 국가 주도의 경제 개발 계획이 추진되었다.

그 과정에서 개인의 자유가 충분히 보장되지 못한 시기도 있었지만, 결국 시장을 개방하고 민간 주체의 참여를 확대하는 방향으로 발전하였다. 특히 수출 중심의 산업화 전략은 세계 시장과의 연결을 통해 경제적 자율성을 확보하려는 시도였으며, 이는 이후 민주화의 토대를 마련했다.

즉, 근대화와 산업화는 자유시장 창출과 그 과정에서의 정치적, 사회적 투쟁을 통해 완성되는 장기적 과정이며, 어떠한 나라도 이를 순탄히 이뤄 낸 적은 없었다. 결국 시장을 세우고 유지하는 일은 단순한 경제 문제가 아니라, 국가와 사회의 근본을 다시 세우는 일이며, 그만큼 많은 갈등과 희생을 수반하는 과정이었다.

대한민국의 산업화

대한민국의 산업화와 근대화는 결코 단순한 경제 성장이나 기술 발전의 결과가 아니다. 이는 세계사적으로 전개되어 온 근대화의 보편적 흐름과 궤를 같이하며, 치열한 정치적 통치와 사회적 갈등을 동반한 역사적 산물이었다.

앞서 살펴본 바와 같이, 세계 어느 나라도 민주적 절차만으로 산업화와 근대화를 이뤄 낸 사례는 없다. 영국의 산업혁명이 귀족과 신흥 자본가 계층 간의 권력 재편 속에서 진행되었고, 일본의 메이지 유신이 봉건적 질서를 해체하며 산업 발전 중심으로 추진되었듯, 대한민국 또한 국가 생존과 재건이라는 절체절명의 상황에서 국가 주도의 통치를 통해 산업화의 기틀을 마련했다.

해방 이후 대한민국은 식민지의 잔재와 분단의 현실, 그리고 전쟁의 폐허라는 삼중의 과제를 동시에 안고 있었다. 국가의 존립 자체가 위태로운 상황에서, 시장이 자율적으로 형성될 여건은 존재하지 않았다. 시장이 정상적으로 작동하기 위해선 정치적 안정과 제도적 신뢰, 자본의 축적이 전제되어야 하지만, 당시 한국 사회는 그 어느 것 하나도 충분히 갖추지 못한 상태였다.

이로 인해 초기 근대화 과정에서 정부는 강력한 주도권을 행사할 수밖에 없었다. 자유시장 질서를 전면적으로 허용하기에는 사회적 기반이 지나치게 취약했고, 국가가 직접 시장을 조성하지 않고서는 산업의 토대 자체를 구축할 수 없었다. 이 과정에서 통치는 불가피하게 권위적 성격을 띠게 되었으며, 산업화를 위한 계획 경제, 수출 중심의 전략, 외자 유치와 같은 정책이 국가의 통제하에 추진되었다.

1960~70년대에 접어들며 대한민국의 근대화는 본격적인 궤도에 올랐다. 정부는 국가 주도의 경제 개발 5개년 계획을 수립하고, 중화학 공업을 중심으로 한 산업 기반을 조성하였다. 이러한 정책은 단기간 내에 국민 소득을 증대시키고 국제 경쟁력을 확보하는 데 결정적인 역할을 했지만, 동시에 시장의 자율성을 제약하는 통치적 한계를 내포하고 있었다.

당시의 산업화는 자유경쟁보다는 계획과 지시에 의해 움직였고, 자본 배분 역시 정부의 승인과 보호 속에서 이루어졌다. 국가가 산업 자본의 축적을 주도하며 시장을 창출한 셈이었다.

물론 이러한 방식은 단기적으로 비효율과 불평등을 낳기도 했다. 그러나 후진국에서 산업국가로 전환하기 위한 과정에서 이는 불가피한 단계이기도 했다. 영국의 산업혁명이 기술 혁신과 함께 노동 착취를 동반했던 것처럼, 대한민국의 산업화 역시 노동집약적 산업

에 의존하며 수많은 노동자의 희생을 요구했다. 다만 이러한 고통
의 시기를 거치며 산업 자본이 축적되었고, 시장 구조가 점차 자생
력을 갖추게 되었다.

대한민국의 근대화

대한민국의 근대화는 단순히 경제 성장의 문제를 넘어, 사회 전반의 구조와 작동 방식을 근본적으로 바꾸는 제도적 전환의 과정이었다. 전통적 농업사회에서 산업사회로의 이행은 국민의 생활양식을 전면적으로 변화시켰고, 교육의 확대와 도시화, 소비문화의 확산을 통해 시민의식의 변화까지 이끌어 냈다.

국가가 주도한 산업화는 결과적으로 시장의 형성을 촉진했고, 시장이 일정한 규모와 자율성을 갖추게 되자 시민들은 비로소 민주적 참여와 정치적 권리를 요구하기 시작했다. 다시 말해, 산업화는 민주화를 가능하게 한 전제조건이 되었고, 근대화는 국가와 시장, 사회가 서로 견제하며 균형을 찾아가는 과정이었다.

물론 이 과정에서 권위주의적 통치는 필연적으로 비판의 대상이 되었다. 국가는 시장을 통제하고 자본과 노동의 관계를 조정하는 과정에서 개인의 활동을 일부 제한하는 정책을 시행했으며, 이는 근대화가 치러야 했던 대가로 남았다. 하지만 당시의 세계 질서와 국내 현실을 고려할 때, 산업과 시장을 보호하기 위한 강력한 중앙집권적 통치가 없었다면 오늘날과 같은 경제적 성취는 기대하기 어려웠다.

일본의 메이지 정부가 국가를 앞세워 서구 문명을 수용하였고, 독일의 비스마르크가 군사적 통합을 통해 산업국가의 틀을 구축했듯, 대한민국 역시 근대화를 위한 정치적 결단과 강력한 통치가 필요했다. 이는 단순한 억압이 아니라, 근대국가로 도약하기 위한 통제된 질서를 수립하는 과정으로 이해할 필요가 있다.

이후 1980년대를 거치며 산업화가 일정 수준에 도달하고, 중산층이 양질의 일자리를 기반으로 성장하면서 민주화에 대한 요구가 본격화되었다. 이는 곧 국가가 주도하던 시장 권력을 시민에게 환원하는 과정이었다. 산업화가 낳은 시장의 확장과 시민의식의 성장이 맞물리며, 대한민국은 비로소 정치적 근대화를 이룩하게 되었다.

이러한 점에서 대한민국의 근대화는 세계사의 보편적 흐름과 궤를 같이한다. 즉, 산업화는 단지 기술의 발전이 아니라, 시장의 창출과 제도 개혁을 둘러싼 투쟁이며, 그 과정에서 권위주의적 통치는 불가피한 중간 단계로 기능했다.

오늘날 대한민국이 세계 10위권의 경제 대국으로 자리매김할 수 있었던 것은, 그와 같은 통치의 역사적 맥락을 거쳐 시장이 자율성을 회복했기 때문이다. 결국 산업화와 근대화는 단순한 발전의 역사가 아니라, 혼란과 질서, 통제와 자유가 맞물린 복합적인 변혁의 역사이며, 대한민국은 그 과정을 압축적으로 경험한 대표적 사례라 할 수 있다.

8부

대한민국은
민주공화국이다

대한민국 헌법 1조 1항은 대한민국이 민주공화국임을 규정하고 있다. 이 조항을 강조하는 이유는 대한민국 국민이라면 누구나 국가의 정체성과 그에 상응하는 시민 의식, 그리고 사고의 방향성을 대한민국 헌법 정신과 일치시켜야 하기 때문이다. 개인의 자유 또한 무제한적으로 행사되는 것이 아니라, 헌법이 보장하고 규율하는 제도적 틀 안에서 실현되어야 한다.

앞서 살펴본 바와 같이, 대한민국의 국체는 "공화국"이며, 정체는 "민주정"이다. 이는 헌법 가장 앞 조항에 명확히 명시되어 있다. 국민 개개인이 주권을 가지는 공화국이라는 국체를 실현하기 위해선, 마찬가지로 개인의 주권과 권력의 분산을 핵심 원리로 삼는 민주정 체제가 필연적으로 요구된다.

따라서 대한민국은 독재정 형태의 모순된 공화국을 철저히 지양하며, 진정한 공화국 실현을 위해 민주정을 채택하였다. 이는 자유 민주주의 이념 체계에서 비롯된 정체이다.

공화정의 제도적 기반

공화정(민주정 기반의 공화국)의 기본 체제는 삼권분립이다. 입법부(국회), 사법부(법원), 행정부(정부)로 권력을 분산함으로써 어느 한 기관이 권력을 독점하거나 남용하여 국민의 주권을 침해하지 못하도록 제도적 장치를 마련한 것이다. 이는 법치의 이탈과 권력의 폭주를 방지하기 위한 공화정의 핵심 원리라 할 수 있다.

이와 같은 권력 분산의 필요성은 인간 인식의 한계에서 비롯된다. 신이 아니고서야 세상 모든 만물을 완전하게 이해할 수 없다. 그 누구도 복지, 교육, 건축, 교통, 역사, 행정 등 사회를 구성하는 모든 분야를 단일한 인식과 판단 아래 통합적으로 운영할 수 없다. 이러한 한계는 정부 구성에도 동일하게 적용된다.

바로 이러한 이유로 공화정은 세상 모든 영역을 하나의 정부, 하나의 권력 체제하에 관장하려는 시도를 경계한다. 역사적으로도 권력이 집중될수록 제도의 허점과 폐해는 커졌으며, 그 결과는 반복적으로 증명되어 왔다. 삼권분립은 이러한 권력의 포화를 사전에 방지하고, 상호 견제와 감시를 통해 균형을 유지하고자 하는 제도적 선택이다.

입법부는 국회를 중심으로 활동하며, 대의제 원리에 따라 국민의 선거로 선출된 국회의원들로 구성된다. 국민의 투표를 통해 권한을 위임받은 만큼 국민의 뜻을 대변하여 제정 활동을 해야 할 의무를 지닌다. 국민들을 대표하는 자리인 만큼, 공적 책임의식과 신뢰, 그리고 공공성을 겸비하여야 한다.

국회의원 역시 국민의 일원이기에 절대 법 위에 설 수 없다. 법 앞에는 만인이 평등하여야 하며, 공화정에서는 이를 예외 없이 적용받아야 한다. 법을 위반하거나 비도덕적인 행위에 연루될 경우, 그에 상응하는 법적 처벌과 사회적 질타 등을 받아야만 한다.

아울러 입법부는 국민 대다수의 이익을 반영한 법안 발의를 위해 이념 대립 구도 가운데에서도 꾸준한 상호 소통과 이해, 협치 등의 과정을 반드시 거쳐야 한다. 또한 입법부는 행정부가 수행하는 정책의 현실성과 실행 가능성 또한 고려해야 한다.

행정부의 정책 방향과 전혀 괴리된 입법이나, 권력을 앞세운 무분별한 입법 남발은 국민들의 의견을 대변하기는커녕 오히려 무시하는 꼴이 되어 버린다. 이는 대의제에 명백히 어긋나며, 국민 기본권을 침해하는 사항이기에 크나큰 사회적 위기와 갈등을 초래한다.

사법부는 대법원, 각급 법원으로 구성되며, 타 기관(입법부, 행정부)에서 발생하는 부정부패와 법치 이탈 행위 등을 심판하는 역할을 담당한다. 이를 위해 사법부는 정치적 중립성과 독립성을 철저히 유지해야 한다. 어떠한 경우에도 정치적 성향이나 이념을 기준으로 법리 해석을 해선 안 되며, 조직 내부에 정치적 성향이 있는 사조직 또한 운영되어서는 안 된다.

사법부가 절대성을 잃고 정치적 견해를 기반으로 법리를 해석하고 판결하는 순간, 인민 공화국과 같이 사법부의 역할이 무용지물이 될 것임은 자명하다. 즉, 이념에 기초한 사법 판단은 특정 정치적 집단이 법 위에 서는 현상을 초래할 수도 있다. 이러한 현상은 공화정이 아니라 과두정 국가에서나 일어날 법한 현상이다.

행정부 또한 사법부의 감시와 견제 아래에서 청렴하고 정직한 기조로 정책을 집행해야 한다. 행정부는 대통령과 국무총리, 각 부처의 장관들로 구성된 행정부는 국회에서 발의되는 법안, 협치 과정 등에 귀 기울여 현명한 일 처리를 하여야 한다.

국가의 실질적 운영을 위한 행정 처리를 직접 하는 기관인 만큼, 입법부에서 발의되는 법안을 상시 검토하며 협의를 거치는 과정이 필요하다. 국회의 입법 활동이 국가 실익에 부합하는지에 대한 검토 과정을 반드시 거쳐야 하며, 필요할 경우에는 입법부에 대해 제도적 절차에 따라 문제를 제기하고 경고하는 역할도 수행해야 한다.

결국 입법부, 행정부, 사법부 세 기관 모두 상호 감시와 견제를 통해 일정한 균형과 조화를 유지하고, 어느 한 기관도 권력의 중심으로 치우치지 않도록 철저한 분권이 유지되어야 한다. 이는 곧 삼권분립 체제의 핵심이며, 공화정 실현을 위한 필수적 제도 장치이다.

헌법 제정과
자유 민주주의의 형성

대한민국의 헌법은 1948년 7월 17일에 정식적으로 공포되었다. 이는 단순한 법률 제정이 아니라, 대한민국이 현대 국가로서 법적 정체성과 정치 체계를 확립한 중대한 사건이자, 국가 건설의 본격적 출발을 의미한다. 헌법의 제정은 국민 주권을 중심으로 한 자유민주주의 이념을 제도적으로 구현하려는 시도의 결과였다.

대한민국의 헌법은 자유민주주의를 기본 이념

으로 삼아 개인의 자유와 권리를 보장하고, 권력의 분립과 법치주의를 핵심 원리로 삼는다. 이러한 정치철학은 미국 공화정의 구조를 적극적으로 참조하여 형성된 것으로, 이는 당시 남한 지역을 통치하던 미군정과의 긴밀한 공조를 통해 구현될 수 있었다.

미군정은 한반도의 남쪽에 민주적 질서와 자본주의적 제도를 정착시키고자 했으며, 헌법 제정 과정 역시 미국의 입헌주의와 자유민주주의 전통을 모델로 하여 이루어졌다. 이는 권력 분립의 구조, 국민의 기본권 보장, 대통령 직선제 등의 요소에 반영되었다.

따라서 대한민국의 민주정은 미국의 민주정 모델을 적극적으로 참조하였다는 사실을 알 수 있다. 이러한 제도적 유사성은 단순한 모방이라기보다는 국제 질서 속에서 합법적이고 안정적인 국가를 수립하기 위한 전략적 선택이었다.

대한민국 헌법은 국민의 권리를 중심에 둔 구조로서, 종교의 자유, 언론의 자유, 신체의 자유, 재산권 보호 등 근대 민주국가의 기본 요소들을 광범위하게 포함하고 있다. 특히 국민이 국가의 권력으로부터 보호받을 수 있도록 권력의 남용을 견제하는 장치를 다각적으로 설계하였다. 이는 자유주의 정치철학의 핵심 원리를 제도적으로 구현한 결과라 할 수 있다.

또한 대통령 직선제를 도입함으로써 국민이 정치권력의 형성 과정에 직접 참여할 수 있는 제도적 기반이 마련되었다. 이를 통해 권력의 정당성과 정치적 책임성이 동시에 확보되었다. 이러한 구조는 당시 미군정의 행정 경험과 정치적 조언, 그리고 미국 헌정사에 대한 참조를 바탕으로 구축된 것으로 평가된다.

건국 초기의 대한민국은 새로운 정치 질서를 정착시키는 동시에, 경제적 기반을 확립해야 하는 이중의 과제를 안고 있었다. 이에 따라 정부는 토지개혁을 필두로 경제 기반 조성에 착수하였다. 국민들이 개별 토지를 보유할 수 있도록 유상몰수 유상분배 방식으로 실시된 이 토지개혁은, 자립적 농민 계층을 형성하여 사회경제적 안정을 이루려는 전략이었다.

이는 단순한 농지 분배를 넘어, 봉건적 경제 구조의 해체와 자본
주의적 생산 질서의 기초 마련이라는 의미를 지녔다. 자영농 중심
의 농업 체계를 구축함으로써 농민의 생산성과 국가의 식량 자립도
를 높이고, 이를 토대로 향후 산업화로의 전환이 가능하도록 준비
한 것이다.

또한 정부는 미국의 경제 원조를 적극적으로 활용하여 인프라를
확충하고, 국가 주도의 경제 개발 계획을 수립하였다. 이를 통해
전력, 철도, 통신, 항만 등 국가 기간산업의 기반이 마련되었고,
나아가 제조업과 수출 중심의 산업화 정책이 단계적으로 추진될 수
있었다. 비록 본격적인 산업화는 1960년대 이후에 전개되지만, 그
기틀은 이미 건국 초기부터 헌법과 정책을 통해 준비되고 있었다.

경제적 자립 없이는 정치적 독립도 유지될 수 없다는 인식은 대한
민국 발전 전략의 핵심 축이었다. 민주주의의 실현 또한 국민이 굶
주림에서 벗어나야만 가능하다는 인식이 배경에 자리 잡고 있었다.
자녀가 부모로부터 독립하는 순간은 경제적 능력이 뒷받침되었을
때인 것처럼, 국가 또한 정치적 독립을 선언하는 데 그치지 않고 실
질적인 경제적 자립이 뒤따라야만 했다.

결국 대한민국 헌법의 골자는 국민 주권, 자유민주주의, 법치주
의, 권력분립, 시장경제라는 다섯 가지로 요약되며, 이는 단순한
이념적 선언이 아니라 건국 초기의 복합적 상황 속에서 가장 현실

적이고 전략적인 선택이었다.

헌법은 국가의 법적 뼈대를 구성하는 동시에, 국민 삶의 방향과 국가의 정체성을 규정하는 근본 문서로서 기능하였다. 미국과의 공조 속에서 제정된 이 헌법은, 외형상 제도뿐만 아니라 그 이면의 정치철학과 가치 체계에 있어서도 자유민주주의 전통과 깊이 연결되어 있으며, 이러한 헌정 질서는 오늘날까지도 대한민국 정치문화의 핵심 기저로 작용하고 있다.

헌법 정신과 국민의 책임

이러한 제도적 장치와 헌법 제정의 배경 아래에서 국민이 지니는 국가관과 시민 의식은 민주정의 성패를 좌우하는 중대한 요소로 작용한다. 법치주의와 삼권분립, 공화정 체제가 지속되기 위해서는 주권을 가진 국민 한 사람 한 사람의 인식과 태도가 무엇보다 중요하다. 결국 대한민국의 국가 정체성과 헌법 정신에 부합하는 시민 의식이 사회 전반에 자리 잡아야 한다는 것이다.

만약 성숙하지 못한 인식 실태와 왜곡된 의사 표현 속에서 대의제가 실현될 경우, 그에 상응하는 국민 대표와 지도자가 등장하게 되고, 이는 곧 국가 체제의 왜곡이나 전복의 위기로 이어질 가능성도 있다. 대의제 민주주의는 국민의 수준을 넘어서는 정치를 만들어 내지 못하며, 그 결과 역시 국민에게 되돌아온다.

다시 말해, 우리가 진정으로 살기 좋은 나라를 원한다면, 사회 구성원 중 한 사람인 나부터가 그에 부합하는 시민으로서의 책임과 자각을 갖추어야 한다. 그러한 시민의 태도가 사회 전반으로 확산될 때, 민주정은 비로소 안정적으로 기능할 수 있다.

가장 중요한 것은 본질을 결코 간과해서는 안 된다는 것이다. 대한민국의 정체성과 가치 체계를 존중하고, 역사 속에서 형성되어 온 헌정 질서와 공동체의 토대를 지켜 나가기 위해서는, 우리 모두는 헌법 정신을 반드시 정확하게 이해하고 내면화해야 한다. 이는 곧 올바른 국가관과 개인의 가치관을 정립하는 바탕이 되며, 이러한 성숙한 시민 의식이 모여 건전한 사회의 구성원 집단을 형성하게 된다.

그렇게 형성된 다수의 의식 있는 국민들이 대의제라는 정치 메커니즘을 통해 자신들의 의사를 대표할 수 있는 책임 있는 정치인과 지도자를 선출할 수 있게 되는 것이다. 그 결과 정치권력은 특정 집단이나 이념이 아닌, 국가 전체의 이익과 장기적 안정을 지향하는 방향으로 작동하게 된다.

국민들은 제헌의 배경이 되는 자유민주주의 체제와 공화정이라는 헌정 질서를 정확히 이해하고, 그 체제 내에서 올바른 국가관과 가치관을 형성해 나가야 한다. 평등이라는 가치를 추구한다고 해서 극단적 분배를 주장하는 공산주의자가 되어서는 안 되며, 자유라는 가치를 중시한다고 해서 시장 활성화와 성장을 명분 삼아 배제와 강압을 정당화하는 권위적 사고로 흐르지도 말아야 한다.

헌법 정신의 기틀 아래, 자유 대한민국 체제 안에서 분배를 통한 사회적 안정과 복지를 지향하는 건전한 좌파, 자유와 성장을 통해 국가 경쟁력을 강화하려는 건전한 우파가 상호 균형을 이루는 구조가 유지되어야 한다. 국민 대다수가 이러한 이념의 균형과 상호 조화를 이해하고 지지할 때, 비로소 민주정은 실질적으로 기능할 수 있다.

역사적으로도 어떤 이념이든 극단으로 치닫는 순간, 필연적으로 사회적 혼란과 국가 위기가 뒤따랐으며, 그 과정에서 수많은 국민이 희생을 겪어야 했다. 좌익이든 우익이든 이념은 수단에 불과하고, 그 본질은 국가를 안정시키고 국민의 삶을 개선하는 데 있어야 한다.

따라서 국민 개개인은 반드시 대한민국의 민주정 체제의 본질을 명확히 이해하고, 그 틀 안에서 자신의 정치적 지향을 형성해야 하며, 좌파와 우파의 구분 또한 헌법과 민주주의의 골자 위에서 이뤄져야만 한다.

극단이 아닌 조화 속에서 공존하는 정치 문화가 정착될 때, 대한민국은 비로소 진정한 의미의 자유민주주의 국가로서 성숙할 수 있으며, 정치·사회 전반에 걸친 갈등과 분열을 넘어 상생과 발전의 길로 나아갈 수 있다. 이는 결코 거창한 구호가 아니라, 오늘을 살아가는 우리 모두에게 부여된 현실적 책임이며, 미래를 위한 전 국민적 과제인 것이다.